Copyright © 2023 por Lisa Potter

Publicado por Arrows and Stones.

Traducción al español y revisión por Prismática Project.

Derechos reservados. Ninguna parte de esta publicación podrá ser reproducida o transmitida de ninguna forma o por algún medio electrónico o mecánico; incluyendo fotocopia, grabación o por cualquier sistema de almacenamiento y recuperación sin el permiso previo por escrito del autor.

Salvo indicación en contrario, el texto Bíblico citado corresponde a la versión Reina-Valera © 1960 Sociedades Bíblicas en América Latina; © renovado 1988 Sociedades Bíblicas Unidas. Utilizado con permiso. Todos los derechos reservados.

El texto bíblico indicado con RVC ha sido tomado de la Santa Biblia, Reina Valera Contemporánea, © Sociedades Bíblicas Unidas, 2009, 2011. Utilizado con permiso. Todos los derechos reservados.

El texto bíblico indicado con TLA ha sido tomado de la Traducción en lenguaje actual, Coypright © 2000 by United Bible Societies

El texto bíblico indicado con RVR1977 ha sido tomado de La Santa Biblia, Reina Valera Revisada® RVR® Copyright © 2017 por HarperCollins Christian Publishing® Usado con permiso. Reservados todos los derechos en todo el mundo.

El texto bíblico indicado con NVI ha sido tomado de La Santa Biblia, NUEVA VERSIÓN INTER-NACIONAL® NVI® © 1999, 2015 por Bíblica, Inc.® Usado con permiso de Bíblica, Inc.® Reservados todos los derechos en todo el mundo.

Para derechos subsidiarios y extranjeros, por favor contacte al autor.

Diseño de portada por Sarah Young.

ISBN: 978-1-960678-08-9   1 2 3 4 5 6 7 8 9 10

Impreso en los Estados Unidos.

"¡El liderazgo es un viaje que dura toda una vida y nunca llegas a su final! ¿Cuáles son las buenas noticias? Que hay personas como Lisa Potter que sirven como guías y libros como *El viaje colectivo* que sirven como el mapa. Si estás tratando de descubrir tu llamado o quisieras llevar tu liderazgo al próximo nivel, este libro te ayudará a hacerlo. Si quieres crecer y llegar más alto, ¡necesitas ir más profundo primero!

—Mark Batterson
El autor de éxitos de New York Times, *El hacedor de círculos*,
Pastor principal, Iglesia Comunidad Nacional, Washington, DC.

Existen muchos libros sobre el liderazgo, pero *El viaje colectivo* es una herramienta poderosa para las mujeres en el liderazgo. Examinando el núcleo de identidad personal, el poder de las historias, el llamado y la comunidad, Lisa desarrolla un proceso para desarrollar una vía de liderazgo sostenible para las mujeres líderes del futuro.

—Scott Wilson
Autor, Fundador de IMPACT: Releasing the Power of Influence [Soltando el poder la influencia],
415leaders.com y RSGleaders.com.

Cuando Lisa Potter habla, yo escucho. Ella es inteligente, competente, elocuente, sensible al Espíritu Santo y apasionada por impulsar el cambio preciso en las personas e instituciones. Cuando aplicas todo eso a un tema importante como una vida saludable y el liderazgo de la mujer cristiana, terminas con un libro que simplemente no puedes pasar por alto. Te garantizo que te hará pensar, y te guiará a profundizar tus relaciones y hacer de tus sueños una realidad.

—Doctora Carolyn Tennamt
Oradora, mentora, profesora, autora de *Catch the Wind of the Spirit* [Atrapa el viento del espíritu] y *Keys to the Apostolic and Prophetic* [Las llaves de lo apostólico y profético].

No conozco a muchas personas que sean más apasionadas que Lisa Potter por equipar y empoderar a las mujeres a encontrar su lugar y su voz. Estoy súper emocionada por este libro, *El viaje colectivo*, y de ver cuántas mujeres descubrirán su verdadero potencial a través de la inspiración y el contenido práctico que ella ofrece en este libro.

—Lora Batterson
Iglesia Comunidad Nacional, Washington, DC.

El viaje colectivo va mucho más allá de reunir un grupo de amigas para un desarrollo de liderazgo. Se trata de reunir todas las partes de tu vida (tus vivencias, memorias, encuentros con Dios) y llevarlas a los pies de Jesús para que Él las evalúe y las reinterprete. Se trata de una perspectiva divina y redentora que te impulsará hacia tus objetivos divinos. Este estudio es para ti que estás lista para avanzar al próximo nivel de fe.

—Pastora Marlyn DeFoggi
Extremo Este de las Asambleas de Dios, Richmond, Virginia.

Lisa claramente entiende el poder de la comunidad para las mujeres que desean cumplir el llamado de Dios en sus vidas. *El viaje colectivo* crea un marco definido que nos insta a animarnos unas a otras a cultivar el cuidado del alma viviente, a entender nuestro diseño único y entrar en el propósito de Dios para nuestras vidas. ¡Estoy tan agradecida por este hermoso recurso!

—Kerry Clarensau
Autora de *Secrets, Redeemed, Fully His* [Secretos, redimida y completamente suya] y *A Beautiful Life* [Una vida hermosa], Camas, Washington.

El apóstol Pablo escribe en 1 Corintios 12:7 (NVI), "A CADA UNO (énfasis mío) se le da una manifestación especial del Espíritu para el bien de los demás.". Esto incluye a los hombres y también a las mujeres de toda tribu, lengua y nación. Luego, más allá de los nueve dones espirituales, Pablo menciona a los apóstoles, profetas, maestros, a otros dio dones para sanar enfermos, a otros poderes milagroso, a otros el hablar en diversas lenguas sin descalificar a nadie. El Espíritu dota a "cada persona". Lisa Potter es una mentora y defensora de las mujeres y procura ayudar a cada mujer a descubrir su llamado y sus dones y abrir puertas de oportunidad para que cada mujer sirva en el Reino de Dios. Su voz en *El viaje colectivo*, verdaderamente sirve "para el bien de los demás".

—Harvey A. Herman
Ministerios Chi Alpha Campus, Misionero.

El viaje colectivo no es simplemente un libro; es una invitación que te cambiará la vida y te llevará a una nueva manera de vivir –un viaje, efectivamente, a la profundidad espiritual en un mundo superficial—. En cada página, se puede oír la voz apasionada de Lisa que te insta a leer una página más y otra más. He conocido a Lisa como colega, líder, maestra, y ahora, como autora. Su mensaje necesita ser el mensaje de todos. Te recomiendo *El viaje colectivo* encarecidamente.

—Doctor Robert J. Rhoden
Presidente, Colegio Ascent.

La mayoría de la gente empacan sus maletas cuando se preparan para un viaje, pero esta ocasión es diferente. En *El viaje colectivo*, Lisa te invita a *desempacar* tu maleta y hacer espacio para los tesoros que descubrirás a lo largo de tu viaje. Este viaje es transformador y te invitará a sentarte en la mesa donde la comunión y la comunidad tienen sus principios. ¿Estás lista para que tu vida y tu liderazgo sean revolucionados? ¡Ven y siéntate en la mesa!

—Stacy Eubanks
Misionera de AGWM.

Cuando era joven y apenas comenzaba en la vida, anhelaba caminar más de cerca con Jesús. Necesitaba un camino de discipulado estructurado que me guiara a la vida que Dios ordenó para mí. Afortunadamente, las mujeres del liderazgo de mi iglesia me extendieron su ayuda y ofrecieron su mentoría. Pero ¡cuánto habría deseado tener *El viaje colectivo* en ese entonces! Este libro habla a cada área de nuestras vidas y entabla una conexión entre las líderes maduras y aquellas mujeres que desean crecer y liderar a través de una vida saludable y auténtica en Cristo. Lisa Potter provee un recurso impactante que suple la necesidad de las vidas de las mujeres en la iglesia local y más allá. De manera práctica y profundamente espiritual, *El viaje colectivo* provee un camino bíblico para crecer en Jesús a medida que transitamos el camino juntas, algo que todas anhelamos en un mundo fragmentado y ocupado.

—Kay Burnett
Directora nacional del ministerio de mujeres de las Asambleas de Dios,
Ministro ordenado, plantadora de iglesias.

Cuando Lisa y yo nos conocimos en el seminario, supe que ella era mi alma gemela. Compartíamos una pasión profunda por invitar a los líderes a la plenitud. *El viaje colectivo* no es otro librillo de liderazgo que pretende enseñarte "cómo liderar como un CEO" sino que invita a los líderes a algo mucho más apremiante, integrado, vivificante y sagrado.

Con una sinceridad personal y una vulnerabilidad pura, Lisa nos guía a través de su historia de "dolor de las altas expectativas, la soledad, la crítica, y el agotamiento espiritual y físico", y nos introduce a un viaje transformador y comprensivo que conduce al florecimiento de nuestra vida y liderazgo y de los demás también.

Lisa no nos permite tomar atajos en el camino a la plenitud total, y nos abandona con simples teorías. Al contrario, nos ofrece con claridad analogías poderosas, observaciones profundas, y una riqueza esclarecedora, un camino al liderazgo filtrado por prácticas personales y comunales. De hecho, es intensivamente práctico ya que cada área de enfoque requiere la participación real, el retiro espiritual, un asesoramiento de personalidad, la creación de mapas, llevar un diario, perdonar, recordar, cuidar el cuerpo y mucho más.

A medida que voy leyendo *El viaje colectivo*, me encuentro susurrando, "Ojalá hubiera podido formar parte de un viaje colectivo cuando era una líder joven". Así que, no esperes más. Este libro, este viaje, ¡es para ti en este momento! Yo anticipo que *El viaje colectivo* se convertirá en un recurso esencial para mujeres en el liderazgo ahora y en los años venideros. Ojalá que así sea.

—Doctora Gail Johnsen
Autor de *All There: How Attentiveness Shapes Authentic Leadership*
[Presente: Cómo la atención moldea el liderazgo auténtico].

Lisa escribe con el corazón; un corazón dedicado a Cristo y una pasión por ver a las mujeres realizar su destino. *El viaje colectivo* no es un libro de liderazgo tradicional sino un viaje guiado con un equilibrio entre la perspectiva y la implementación. Aprenderás quién es Dios en ti y a través de ti. Este libro es imprescindible para toda mujer líder.

—Doctora Kristi Lemley
Presidenta de Living in the Light Ministries [Ministerios viviendo en la luz]
Revolucionista y Presbítero Ordenado

Lisa ha caminado junto a aguas de reposo y también en el valle de la sombra, y ha permanecido fiel a Jesús en ambos lugares. Dios ha utilizado cada etapa en su vida para producir algo profundo en ella –algo que merece una ofrenda—. Cuando Lisa y yo tenemos la dicha de conectarnos, siempre me inclino a escuchar lo que el Espíritu de Dios habla a través de ella, de sus palabras y su vida.

—Stefanie Chappell
Ministerios Chi Alpha Campus, USA

Las mujeres que se juntan llegan más lejos, pero puede resultar desafiante encontrar una plataforma de impartición significante en nuestras vidas ocupadas. A través de la mentoría transgeneracional, *El viaje colectivo* provee todo lo necesario para empoderar a esta generación de mujeres jóvenes y activar su potencial de liderazgo. Estoy ansiosa por cultivar un "viaje colectivo" en mi propia esfera de influencia. Gracias, Lisa Potter, por esta contribución épica a las mujeres en el liderazgo.

—Crystal Martin
Directora nacional de las Asambleas de Dios, Ministerios Network of Women

La palabra sueca *fika* hace referencia a reunirse con una amiga a tomar un café. Pero es mucho más que juntarse a conversar, tomar un café y comer algo rico. Implica la intencionalidad de compartir tu vida con una amiga. Indica un intercambio significativo que resulta en una restauración colectiva. *El viaje colectivo* es una herramienta poderosa que procura ayudar a las mujeres líderes para que *'fika* juntas" –para que nutran relaciones vivificantes y se ayuden mutuamente a florecer—.

A pesar de que hay muchos libros que ofrecen la perspectiva de cultivar relaciones reciprocas, la brillantez de este libro es que Dios nos ha creado a cada una de nosotras únicas. Cada paso del camino, Lisa provee ejercicios prácticos y creativos diseñados para los diversos tipos de personalidades. Si estás buscando una herramienta que te ayude a abarcar todo lo que Dios tiene para ti y a ayudar a otros a hacer lo mismo, entonces ¡te encantará este recurso!

—Doctora Cheryl A. Taylor
Misionera en Kenia, África

En medio del cambio aconteciendo en la Iglesia, Dios ha levantado a Lisa Potter como una madre entre la gente de Dios para un tiempo como este. En lo profundo, Dios está cultivando la próxima generación de mujeres líderes para que puedan sostener a la iglesia en los días venideros. *El viaje colectivo* servirá como una compañía para toda mujer en su peregrinaje ministerial.

—Doctora Stephanie Nance
Pastora de formación espiritual de adultos
Iglesia Chapel Springs

El viaje colectivo es inspiracional y práctico. El llamado a realizar el viaje a la montaña donde Dios te espera implica dolor y tristeza, risa y gozo, y desilusión y sueños. Lisa pone el énfasis en el camino a Dios, al ser, y a la comunidad. Este es un libro imprescindible para las mujeres que están listas para dar el primer paso hacia su llamado en el liderazgo y asumir la responsabilidad de invitar a la siguiente generación.

—Doctor John Battaglia
Doctor de ministerio, director de programas en el Seminario teológico de las Asambleas de Dios, Capellán de Capitol Commission a la asamblea legislativa de Missouri.

El viaje colectivo hace énfasis en dos verdades vitalmente importantes. Primeramente, que la vida es un viaje. Dios nos llama a ser más. Segundo, nadie debería hacer el viaje solo o sola. Lisa Potter da estrategias prácticas para avanzar y conectarnos con otros. Somos llamados a plantar nuestros pies en terreno más alto. Lisa nos ayuda a realizarlo.

—Scott Young
Pastor, Iglesia de Esperanza
Sarasota, Florida

Lisa Potter es un hermoso ejemplo de una líder que valora profundamente una necesidad que no fue suplida y, sin más escusas, va más allá a crear una experiencia relacional que pastorea el alma de las mujeres y las lleva a una concienciación de la presencia de Dios en la vida real. *El viaje colectivo* te guiará a través de pasos intencionales y clave para descubrir tus dones y tu llamado. Lisa es una constructora de comunidad, así que más vale que creas que este libro te llenará de valor para comprometerte con otras personas e ir más profundo y llegar más lejos en tu viaje y en las relaciones interpersonales.

—Noemi Chavez
Pastora, Iglesia Revive
Cofundadora de Brave Global

El viaje Colectivo

Una invitación a ir más profundo en tu vida y liderazgo

LISA POTTER

ARROWS & STONES

DEDICATORIA

A mi esposo, Frank: me alientas desenfrenadamente a mí y a todas las mujeres a dar un paso hacia nuestro llamado en el liderazgo. Soy la líder que soy hoy gracias a ti.

RECONOCIMIENTOS

Tomó mucha oración, unos cuantos "choca los cinco", y palabras de ánimo para que yo terminara este libro. En mi corazón supe por mucho tiempo que *El viaje colectivo* sería un libro algún día, pero al mismo tiempo, dudaba que aquel día llegaría. En medio de mis sueños de publicar un libro, mi padre falleció. Todo el tiempo que le dediqué a él en esos últimos meses de su vida en esta tierra valieron la pena y la espera de un libro publicado. A pesar de que él ya no está aquí conmigo, yo sé que me sigue alentando desde el otro lado de la vida.

A todas las personas que de una menera u otra me acompañaron en el proceso, tú formas parte de la historia de este libro, *El viaje colectivo*, pero mucho más importante, formas parte de mi historia y me siento bendecida de poder contar con tu amistad.

A mi esposo y a mi familia, los amo, Frank, Lindsay, Andrew y Allison. Ustedes son mis animadores número uno.

A mi madre, me escuchaste y oraste, como siempre lo has hecho, y me siento inundada por la bondad y el privilegio de ser tu hija.

A mis amigas Ann y Noemí, ustedes me sacaron de mi depresión y me ayudaron a ver las posibilidades de comunidad y por eso estaré eternamente agradecida.

A Jodi Detrick, mi alma gemela, amiga para toda la vida, animadora constante, entrenadora, eres auténticamente una mujer conforme al corazón de Dios. Si no hubiera sido por tu dirección y conocimiento, *El viaje colectivo* no se hubiera hecho realidad. Gracias, mi amiga, por creer en mí.

A mi grupo de viaje colectivo, lo que comenzó como un experimento académico, rápidamente se convirtió en amistad, sería injusto no mencionarlas por nombre: Lindsay Potter, Julia Putprush, Victoria Davis, Kelsey Bradley, Kayla Fuoco, Carla Bailey, Shauna Nicholson, Stacy Eubanks, Natalie Hill, Rochelle Roman, Kelli Ferguson, Julia Mockabee, Wendi Rawls, Hannah Horst, Jessica Crews, y Courtney

Barnes. Son mujeres que cambiarán el mundo, y aquí estoy apoyándolas con "choca los cincos" y animándolas.

A Marlyn DeFoggi y las mujeres de la Asamblea de Dios del extremo este, aprecio mucho que me hayan acompañado en *El viaje colectivo* y que comprobaran que las mujeres en todo tipo de etapa de la vida y el liderazgo necesitan lo que las páginas de este libro contienen.

A la doctora Cheryl Taylor, que me hizo una pregunta y con ella me retó a considerar la posibilidad de avanzar mi educación y me hizo sentir que todo era posible, le debo mi travesía educativa; gracias a tu obediencia en hacerme esa pregunta.

A Erica Huinda, mi editora, quien me ayuda a sonar mucho más inteligente de lo que soy, eres absolutamente una joya gramática y artífice de palabra.

Al equipo ejecutivo de la red de ministerio de Potomac, AGTS (el seminario teológico de las Asambleas de Dios), y a los profesores, gracias por acompañarme y creer en mi pasión por mentorear a la próxima generación de mujeres líderes.

A Kay Burnett, leíste el manuscrito académico y luego conectaste conmigo para ayudarme a hacer mi pasión una realidad. Te quiero y aprecio tu liderazgo. Eres una alentadora increíble.

Gracias a Martijn van Tilborgh, Rick Edwards, Four Rivers Media Publishing, y al equipo de publicaciones por hacer este libro una realidad y por hacerme sentir que mis palabras son importantes, útiles, y le pueden servir a alguien más.

Y, finalmente, pero el más importante de todos, gracias a mi Señor y Salvador, Jesucristo, quien redimió nuestras vidas y hace de ellas algo hermoso y útil para los propósitos del Reino de Dios. Me encuentro diariamente susurrando las palabras escritas en 2 Tesalonicenses 1:11 (TLA): "Oramos siempre por ustedes. Le pedimos a nuestro Dios que los haga merecedores de haber sido elegidos para formar parte de su pueblo. También le pedimos que, con su poder, cumpla todo lo bueno que ustedes desean, y complete lo que ustedes han empezado a hacer gracias a su confianza en él".

Por todo esto doy gracias.

PRÓLOGO

De vez en cuando, el favor divino y la gracia misteriosa corren la cortina y nos dan un vistazo de la formación de un sueño embrionario de Dios (pero emocionantemente prometedor) en la vida de otra persona. Esto es precisamente lo que me ocurrió a mí al compartir tantas conversaciones sinceras a lo largo de los años con mi querida amiga y compañera en el colegio ministerial, Lisa Potter. El dolor, la frustración, y el sentido de soledad que ella sintió en los primeros años de ministerio dieron a luz una pasión de hallar una manera relacional, viable y reproducible para asegurar que las mujeres que vinieras después de ella, pudieran tener mejores experiencias ministeriales, saludables, alentadoras e infundidas con patrones bíblicos sólidos que sostuvieran a los líderes en el largo recorrido.

Quiero decirte que, lo que vi en ese entonces avivó una esperanza nueva en mi corazón, especialmente para una generación de jovencitas en el ministerio de liderazgo quienes profundamente anhelan una mentoría sabia y accesible y recursos prácticos para el viaje que les espera por delante. Lisa dedicó muchos años de estudio, oración e investigación (sin mencionar sangre, sudor y lágrimas) en esta pasión guiada por Dios. Se basó en décadas de experiencia en el ministerio –propio y de colegas y consultores fiables—. Y *hoy*, que el sueño de Lisa está totalmente formado —el cual las hojas de este hermoso libro contienen— puedo verlo ya infundiendo valor a las vidas de tantas personas a medida que toman el siguiente paso. . . ¡me asombro y me quedo sin palabras!

El viaje colectivo es para cada mujer que está determinada en seguir diciéndole *sí* a Jesús y a Su llamado a servir y liderar con valor, unción y humildad. Es para cada mujer que quiere asegurarse que otras mujeres que han sido llamadas también se sientan alentadas, apoyadas, y equipadas con los recursos necesarios para su propio viaje de ministerio y liderazgo. Es para los grupos de mujeres que están deseosas de tener una comunidad de hermanas que se *entienden* y están comprometidas de hacer el viaje juntas, compartiendo sus historias y sus fortalezas en la presencia de Jesús.

Esta es la realidad, mi querida hermana: no fuiste creada para transitar el camino del ministerio sola. Hay muchísima ayuda y esperanza esperándote en las páginas de este libro, y nunca antes me he sentido así de emocionada por la revelación y presentación de un nuevo libro. Es con mucha convicción y celebración que te aseguro que este libro, *El viaje colectivo*, escrito por mi increíble amiga y líder ministerial, auténtica y talentosa, Lisa Potter, ¡es precisamente el libro para TI! Agarra tu taza de café y toma la mano de una amiga: ¡es tiempo de comenzar el viaje juntas!

Jodi Detrick
North Bend, Washington
Autora, *The Jesus-Hearted Woman* [La mujer conforme al corazón de Jesús]
y *The Settled Soul* [El alma tranquila]

ÍNDICE

DEDICATORIA xi

RECONOCIMIENTOS... xiii

PRÓLOGO xv

INTRODUCCIÓN...19

    CAPÍTULO 1. El viaje necesario.....................................27

    CAPÍTULO 2. Dios te espera en tu montaña........................31

PARTE 1. El núcleo de identidad personal: El poder de la reflexión interna..39

    CAPÍTULO 3. ¿Cómo está tu alma?................................ 45

    CAPÍTULO 4. ¿Quién soy?... 49

    CAPÍTULO 5. ¿Qué es vivificante?..................................53

PARTE 2. Comunión: El poder de tu historia............. 57

    CAPÍTULO 6. ¿Cuál es tu historia?................................. 63

    CAPÍTULO 7. Un viaje con Dios en búsqueda del perdón.......... 67

    CAPÍTULO 8. Fiestas de gratitud y gozo............................71

PARTE 3. Llamado: El poder del diseño de Dios en ti.. 75

    CAPÍTULO 9. El significado y las pasiones..........................81

    CAPÍTULO 10. Todo se trata de ti y nada se trata de ti 85

    CAPÍTULO 11. Visión y valores 89

PARTE 4. Comunidad: El poder de tu red.................93

    CAPÍTULO 12. Fuiste creada para la comunidad 97

    CAPÍTULO 13. Perteneces a una tribu mucho más grande que tú...101

CAPÍTULO 14. Tu tribu te conecta a otras tribus

                (Tribus generacionales)............................105

CAPÍTULO 15. El cielo hacia abajo y la tierra hacia arriba..........109

CAPÍTULO 16. La entrega de un sueño.............................113

CAPÍTULO 17. Una invitación a la mesa...........................117

APÉNDICE A: Evaluación vivificante.............................123

APÉNDICE B: Planilla de la autodisciplina del autocuidado.....125

APÉNDICE C: Pasajes Bíblicos "Yo soy".........................127

APÉNDICE D: Ejemplo de una declaración de visión y valores...129

APÉNDICE E: Inventario y plan de crecimiento personal........131

APÉNDICE F: Página de recursos relacionales...................133

Recursos Consultados..135

INTRODUCCIÓN

Este libro se trata de viajes –colectivos y también individuales—. Proviene de las profundidades que se originaron en el dolor personal y pasiones de una líder, esposa, madre, hija, hermana, amiga y mentora.

> Este libro se trata de viajes -colectivos y también individuales-.

La falta de mentoría en el inicio de mi vida y mi viaje de liderazgo es lo que me impulsa a mentorear la próxima generación de líderes mujeres. Al atravesar el dolor de las altas expectativas, la soledad, la crítica, y el agotamiento espiritual y físico, mi viaje a lo largo de mi vida se convirtió en una lección llamada "Todo lo que me hubiera gustado saber".

Desde muy temprano aprendí que, como líder, no puedo hacer el viaje –de mi salud y a la plenitud en la vida—sola. Necesitaba una comunidad, un grupo colectivo de mujeres que caminaran a mi lado y me acompañaran en mi proceso de transformación a una mejor versión de mí misma. Fue de esta necesidad que nació *El Viaje Colectivo*. Lo que tus manos sostienen es un libro para tu viaje personal, y un modelo de mentoría relacional desarrollado para alcanzar efectivamente a las líderes jovencitas en su viaje a una transformación completa e íntegra.

Todas mis investigaciones personales, bíblicas y profesionales me llevaron a las siguientes lecciones:
- La importancia de cuidar tu propia alma.
- El poder de las historias.
- La importancia de saber cuál es tu llamado.
- La importancia de desarrollar una comunidad de apoyo y amistad.

Finalmente, también aprendí que para tener éxito en tu viaje en la vida y el liderazgo, necesitas reconocer la importancia de crear una vía sostenible para la próxima generación. La estrategia clave para lograr la plenitud en la vida es la mentoría y el desarrollo de las comunidades relacionales.

LOS CUATRO FUNDAMENTOS

El Viaje Colectivo es un modelo de mentoría relacional desarrollado para alcanzar efectivamente a las líderes jovencitas en su viaje a una transformación completa e íntegra. Los cuatro fundamentos principales que este libro utiliza han sido tomados del modelo de mentoría y liderazgo de Pablo y Timoteo que se encuentra en 2 Timoteo 1:1-18, y aplica cuatro elementos primordiales extraídos del mismo: el núcleo de identidad personal (el poder la auto reflexión), la comunión (el poder de las historias), el llamado (el poder del diseño de Dios en ti), y la comunidad (el poder de tener una red de personas).

Los cuatro fundamentos de la vida y el liderazgo son caracterizados por un enfoque interno o externo, y ambos son fundamentales. En su libro Guarda tu alma, John Ortberg explica la diferencia entre la vida interna y externa: "Todos tenemos una vida externa y una interna. Mi ser externo es público y visible. Allí se encuentran mis logros, mi trabajo y reputación. Mi vida interna es donde viven mis pensamientos secretos, esperanzas y deseos. Debido a que mi vida interna es invisible, es fácil descuidarla. Nadie tiene acceso directo a ella, por lo tanto, no recibe ningún aplauso".[1] Los cuatro elementos fundamentales trabajan juntos para crear la consciencia que la plenitud fluye de adentro, de la parte del individuo que nadie más ve.

La referencia bíblica que hace Pablo en su carta a Timoteo, "un hijo de la fe", nos da un ejemplo imperecedero de la importancia de la mentoría y de pasar la batuta a la próxima generación creando así una vía de liderazgo. A pesar de que fue escrita

---
[1] John Ortberg, *Soul Keeping: Caring for the Most Important Part of You [Guarda tu alma: Cuidando la parte más importante de ti]* (Grand Rapids, MI: Zondervan, 2014), 38.

en una sociedad patriarcal, la Biblia se traduce muy bien en la cultura actual, lo cual demuestra que Dios llama al hombre tanto como a la mujer al liderazgo.

La carta de 2 Timoteo sigue siendo extraordinariamente personal y da la sensación de que estamos leyendo los deseos y consejos finales de un padre a su hijo espiritual. En el aspecto personal del libro, Pablo comparte recuerdos, expresa el valor de la continuidad generacional en el servicio a Dios, nos recuerda y nos anima a permanecer fuertes en la fe y perseverar en el sufrimiento, reitera las normas de la iglesia en contra de las enseñanzas falsas, y anima a Timoteo a "predicar la palabra" (2 Timoteo 4:2).

Pablo concluye la carta expresando sus necesidades urgentes antes del fin de su vida. En esencia, la carta es su último deseo, lo cual le recuerda a Timoteo todo lo que Pablo le ha enseñado. Es el pase de la batuta a la próxima generación. Segundo, Timoteo sirve como un tributo al legado de Pablo y como un recuerdo urgente de permanecer fiel al evangelio y continuar el ministerio que Pablo comenzó para las generaciones futuras.

En esta evidencia bíblica, vemos que Dios llama a los líderes a la multiplicación y a terminar bien. El modelo de Pablo y Timoteo confirma la necesidad de que padres y madres espirituales levanten hijos e hijas de la fe.

Al leer 2 Timoteo 1:1-18, aflora una conexión entre los cuatro fundamentos del núcleo de identidad personal, la comunión, el llamado y la comunidad, lo cual afirma "todo lo que me hubiera gustado saber".

Pablo le recuerda a Timoteo (y a nosotros también), "Guarda el buen depósito mediante el Espíritu Santo que habita en nosotros." (2 Timoteo 1:14, RVR1977). El primer fundamento, el núcleo de identidad personal –el poder la auto reflexión— es el comienzo del viaje hacia una vida interna más saludable. Cuida tu corazón, tu vida interna, porque de allí es que mana la parte esencial de tu ser –tu ser verdadero—. No puede ser ocultado. Si el alma no está saludable, eventualmente producirá malos hábitos y se reflejará en diferentes áreas de nuestra vida y liderazgo. El segundo fundamento con un enfoque interno es la comunión, el poder de tu historia. La práctica del sacramento de comunión brinda una analogía poderosa de cómo podemos aceptar el poder de nuestra historia a través de la historia de Dios –Su muerte, entierro, y resurrección—. Juntos consideramos la costumbre de recordar, perdonar y agradecer.

En la historia de Timoteo, este recordatorio aparece en al principio de 2 Timoteo 1:3-5, donde Pablo está asesorando a su hijo de la fe. Él le insta a Timoteo que recuerde de dónde salió; el poder y la bondad de la fe que ardió primeramente en el corazón de su abuela Loida y su madre, Eunice. Fue su historia la que le dio forma a su vida y su liderazgo.

Por otro lado, está el enfoque exterior del llamado, el poder del diseño de Dios en ti. Este fundamento se basa en las revelaciones del enfoque interno, el núcleo de identidad personal y la comunión. Por lo tanto, es con gran franqueza que Pablo le insta a Timoteo que "Por eso te aconsejo que avives el fuego del don de Dios, que por la imposición de mis manos está en ti. Porque no nos ha dado Dios un espíritu de cobardía, sino de poder, de amor y de dominio propio." (2 Timoteo 1:6-7).

Pablo le recuerda a Timoteo que camine en su propio llamado y que avive el fuego. Que no permita que la luz que él solo puede brillar sea extinguida por el temor y la timidez. Busca esa área donde has sido llamado y camina el sendero con propósito y pasión.

El último fundamento, la comunidad, es el poder de la red de personas, y está fundamentada en la lucha principal de toda mujer: la soledad. Pablo estaba experimentado la soledad en su vida y en su liderazgo mientras escribía la carta a Timoteo, y le insta que recuerde a las personas que lo acompañaron:

"Ya sabes que me abandonaron todos los que están en Asia, dos de los cuales son Figelo y Hermógenes. Que el Señor tenga misericordia de la casa de Onesíforo, porque muchas veces me reanimó, y no se avergonzó de mis cadenas."
–2 Timoteo 1:15-16

Podemos verlo en su carta a Timoteo: le recuerda de sus raíces, e ilustra el poder de la historia, haciendo énfasis en su llamado y el avivamiento del don de Dios, de cuidar los depósitos, y permanecer al lado de los que llegarán al final. Quizás deberíamos hacernos la misma pregunta que Pablo probablemente contemplaba cuando escribió su segunda carta a Timoteo: cuando yo no esté aquí, ¿quién hará lo que he estado haciendo yo?

La necesidad de la transformación y la plenitud humana

Dios llama a los líderes a multiplicar y terminar bien. El modelo de Pablo y Timoteo confirma que el trabajo espiritual de un líder es reconocer el llamado en otros y ayudarlos a llegar a donde Dios quiere llevarlos.

Ya sea que emprendas *El viaje colectivo* sola o como mentora o discípula, ambos roles conllevan la tarea significante de desarrollar y alcanzar cierta madurez en el liderazgo:

Cuando Cristo llama a los líderes al ministerio cristiano, su intención es desarrollarlos a su máximo potencial. Cada uno de nosotros que estamos en el liderazgo, somos responsables de seguir desarrollándonos conforme a los procesos de Dios a lo largo de nuestra vida. Si no somos capaces de experimentar nuestro propio desarrollo, no podremos ayudar a otros a desarrollar su capacidad de liderazgo.[2]

Cuando emprendemos el viaje a la madurez y cumplimos el llamado de Dios en nuestras vidas, indudablemente se producirá una mentoría recíproca. El llamado a la madurez y el desarrollo continuo sigue siendo imprescindible en nuestra plenitud y en nuestro liderazgo, lo cual impacta significativamente nuestra habilidad de vivir y liderar bien, y últimamente liderar a la próxima generación. Adicionalmente, la mentoría recíproca genera una vía y una abundancia de líderes en el campo.

Sheryl Sandberg, directora de operaciones en Facebook, señala el poder positivo de una relación recíproca entre mentor y discípulo:

Los sociólogos y psicólogos han observado por mucho tiempo nuestro profundo deseo de formar parte del comportamiento recíproco. El hecho que el ser humano se siente obligado a devolver un favor ha sido virtualmente documentado en todos los tipos de sociedades y respalda todo tipo de relaciones sociales. La relación entre mentor y discípulo no es ninguna excepción. Cuando se aplica adecuadamente, todos florecen.[3]

Adicionalmente, Sandber cree que "los colegas también pueden asesorar y apoyarse mutuamente".[4] El objetivo de la relación entre mentor y discípulo se basa en cultivar una cultura de relación en cascada, en la cual los individuos asumen la responsabilidad de su propia salud y plenitud tanto como la de otros.

---

2 Randy D. Reese and Robert Loane, *Deep Mentoring: Guiding Others on Their Leadership Journey* [Mentoría profunda: Guiando a otros en su viaje de liderazgo] (Downers Grove, IL: InterVarsity Press, 2012), 146.

3 Sheryl Sandberg, *Lean In: Women, Work, and the Will to Lead [Inclínate: La mujer, el trabajo y la voluntad de liderar]* (New York: Alfred A. Knopf, 2013), 69.

4 Sandberg, *Lean In [Inclínate]*, 74.

> Cuando se forman equipos de ministerio o liderazgo, hay miembros que traen consigo sus propias tendencias o propios prejuicios culturales, normas, valores, costumbres, hechos históricos y ciertos patrones de comportamiento.

Aunque las relaciones de mentoría y la creación de una vía de liderazgo son esenciales para edificar la iglesia y esparcir el evangelio, cuando se trata de implementar dichas herramientas con las mujeres, existen ciertos obstáculos dentro de la iglesia y en el lugar de trabajo. Cuando se forman equipos de ministerio o liderazgo, hay miembros que traen consigo sus propias tendencias o propios prejuicios culturales, normas, valores, costumbres, hechos históricos y ciertos patrones de comportamiento.

Además, en cuanto a las mujeres y los hombres en un determinado ámbito, los individuos pueden tener diferentes opiniones de lo que es un rol "natural" del hombre y de la mujer. Plantear preguntas puede ayudar y revelar los factores de influencia en nuestra perspectiva del rol de género: ¿Cuál era la perspectiva de tu padre de las mujeres en el liderazgo? ¿Qué pensaba tu madre de las mujeres en puestos de liderazgo? ¿Tuviste ejemplos de mujeres líderes en tu iglesia o comunidad? Las diferentes respuestas a dichas preguntas usualmente resultan en diferentes perspectivas y opiniones del rol del hombre y de la mujer en la sociedad.

En su artículo titulado "Lo que sucede cuando vemos a mujeres enseñar la Biblia", Sharon Hodde Miller comparte su experiencia:

Cuando era estudiante en el colegio, me sentía confundida con la iglesia. Las mujeres ocupaban mayoritariamente puestos de administración. Incluso en mi organización colegial paraeclesiástica, rara vez hablaba una mujer. Como resultado de la escasez de modelos de referencia femeninos, no sabía a dónde acudir.[5]

Ella señala que al asistir a la conferencia *Passion* en Atlanta, Georgia, y al escuchar a Beth Moore hablar desde la tarima "con poder, competencia, convicción y, sobre

---

[5] Sharon Hodde Miller, "What Happens When We See Women Teach the Bible," [Lo que sucede cuando vemos a mujeres enseñar la Biblia] *Christianity Today*, http://www.christianitytoday.com/women/2015/january/what-happens-when-we-see-women-teach-bible.html.

todo, unción", se dio cuenta por primera vez de su propio potencial y llamado.[6] Después de esa experiencia, Sharon comenzó su recorrido educativo para sacar una maestría en divinidad y un doctorado para prepararse para escribir y hablar.

Lori O'Dea concuerda con la idea de que las mujeres necesitan modelar el liderazgo para otras. Mientras Lori predicaba en un retiro de jovencitas, una consejera le preguntó a una de las jovencitas que estaba llorando en el altar cómo podía orar por ella. La jovencita respondió que simplemente se sentía abrumada por el hecho que Dios llamaría a una joven como ella. O'Dea afirma: "La experiencia imprime una lección imborrable. Si las personas no tienen la oportunidad de experimentar el liderazgo de una mujer, muy probablemente lo evitarán, o peor aún, lo condenarán".[7] Mentorear a la próxima generación de mujeres líderes generará una corriente fuerte en la vía de liderazgo, ayudando a cambiar las normas culturales y romper los prejuicios que obstaculizan a las mujeres. Tener más mujeres líderes fomentará la salud y la plenitud de la vida y el liderazgo.

La firma multinacional KPMG publicó su *Estudio de Mujeres en Liderazgo*, el cual revela conclusiones concretas que apoyan los beneficios de la mentoría temprana para las mujeres:

> *El percepto de liderazgo de una mujer no empieza con el éxito colegial académico, su primera gran oportunidad, o cuando la asignan a un puesto de poder. La trayectoria del liderazgo femenino comienza mucho antes y es definida por influencias clave a lo largo de la vida.* [8]

El estudio identificó varios componentes clave para desarrollar y crear una vía de la próxima generación de mujeres líderes, incluyendo: "cómo estas mujeres fueron socializadas al liderazgo en su crianza; a explorar sus auto preceptos a lo largo de su desarrollo y en el día actual; a descubrir cuáles características están asociadas con el liderazgo; a examinar quién fue de influencia en estas mujeres en su aprendizaje del liderazgo empresarial; y a descubrir maneras concretas para ayudar a otras mujeres a avanzar y asumir roles de liderazgo".[9] El estudio también visualiza que es necesario

---

6 Miller, "What Happens." [Lo que sucede. . .]

7 Lori O'Dea, "Is Leadership a Gender-Neutral Issue?" [Es el liderazgo un asunto neutro del género]. *Influence Magazine*, August-September 2015, 46.

8 KPMG, *Women's Leadership Study*, "Moving Women Forward into Leadership Roles," [*Estudio de Mujeres en Liderazgo: Impulsando a las mujeres a desempeñarse en roles de liderazgo*]. https://home.kpmg.content/dam/kpmg/ph/pdf/ThoughtLeadershipPublications/KPMGWomensLeadershipStudy.pdf.

9 KPMG, *Women's Leadership Study*. [*Estudio de Mujeres en Liderazgo*].

que la conciencia y el desarrollo de las líderes femeninas comience temprano en las jovencitas:

Imagínate una jovencita –quizás una hija, una sobrina o la jovencita en tu barrio—. Ella es inteligente. Ella es ambiciosa. Ella cree y tiene confianza en sus habilidades. Desde su temprana edad, tiene el deseo de liderar –inspirar a otros a la grandeza, sobrepasar las expectativas, y mejorar el mundo—. Sin embargo, a medida que va creciendo, dos elementos afectarán su habilidad de liderar: la confianza y la conexión. A lo largo de su vida, o recibirá lo que necesita para construir estos dos componentes clave de liderazgo; o no.[10]

Las mujeres desean ser exitosas en la vida y en el liderazgo, pero siempre hay algo que las frena. El desarrollo de jovencitas y el entrenamiento de otras mujeres para la mentoría y para que sirvan como modelos sigue siendo de suma importancia para crear la vía de mujeres líderes de la próxima generación. El liderazgo no es autónomo; necesitamos crear un sendero al desarrollo de liderazgo. Los líderes saludables e íntegros reciben orientación a lo largo del camino.

> Los líderes saludables e íntegros reciben orientación a lo largo del camino.

Factores como estos cuatro fundamentos mejoran la salud y la plenitud de la vida y del liderazgo: el desarrollo del liderazgo personal, el poder de las historias, las habilidades, y el poder de la red de personas.

Las mujeres se hacen más fuertes cuando se reúnen; sobre todo cuando las mujeres se conectan de manera intergeneracional y aprenden unas de otras. Cerrar la brecha en el liderazgo generacional depende de pasar la batuta de liderazgo exitosamente. Sin embargo, si la batuta se cae, se generarán nuevas brechas en el liderazgo, y mujeres sufrirán la falta de desarrollo de liderazgo. Identificar y mentorear mujeres líderes que se sientan satisfechas con su llamado, que pertenezcan a una comunidad significativa, compartan sus historias para generar cambios, y procuren el desarrollo de liderazgo, potenciará la vía con mujeres líderes fuertes y capaces.

---

10 KPMG, *Women's Leadership Study*. [Estudio de Mujeres en Liderazgo].

CAPÍTULO 1
EL VIAJE NECESARIO

"Dirijo la mirada a las montañas; ¿de dónde vendrá mi ayuda? Mi ayuda viene de Dios, creador del cielo y de la tierra."
–Salmo 121: 1-2 (TLA)

Siempre siento que el agua me llega al cuello o que estoy entre la espada y la pared. Seamos honestas: soy un eneagrama de tipo tres (triunfadora). Estoy convencida de que mi ala cuatro –mi tipo adyacente—me brinda un poco de suavidad y equilibrio, pero siempre procuro un equilibrio en mi necesidad de hacer y ser más.

Mi búsqueda de equilibrio generó algunos viajes necesarios en mi vida y liderazgo. ¿A qué me refiero con *viajes necesarios*? Es el viaje *imprescindible*. Afortunadamente, lo necesario es familiar para mí ya que mi eneagrama tipo tres ama las listas de tareas pendientes.

> Mi búsqueda de equilibrio generó algunos viajes necesarios en mi vida y liderazgo.

Mi mundo de perfección comienza a cobrar vida a medida que completo mis tareas y las marco en mi lista. El sueño perfecto se hace más dulce a medida que los logros del día aumentan. Luego, regreso a la realidad donde la lista resulta ser más larga de lo que pensaba, el exceso de compromisos se hace más evidente, y mi necesidad de equilibrio es algo que solo Dios puede restringir al guiarme en el *viaje necesario*.

En el año 2012, mi esposo, Frank, fue elegido para un nuevo rol de liderazgo lo cual nos exigió dejar nuestro rol como pastores principales de nuestra amada iglesia de veinte años. La transición fue muy difícil para mí. Trabajaba como pastora del equipo, dirigía la alabanza y adoración, obras musicales, escribía, impartía la visión a las damas, y criaba a mis hijos en una comunidad que considerábamos nuestro hogar.

Cuando dejamos nuestra casa de veinte años y con ella todas las memorias que creamos allí, la transición a una nueva etapa resultó ser algo muy difícil para mí. Rápidamente borré todo de mi calendario. En los próximos días, quedó en claro que mi identidad estaba íntimamente sujeta a lo que yo hacía. Me hacía la pregunta, "Si no dirijo la alabanza y adoración el domingo, ¿quién soy?". Me había vuelto adicta a los elogios de la gente cuando me decía, "¡Buen trabajo!".

Pocos años antes, había pasado por otro viaje necesario cuando me tocó luchar con la depresión, pero este era diferente. Sabía que Dios me estaba encaminando a un lugar donde tendría que vaciarme por completo; una confianza absoluta como nunca antes había experimentado.

Trataba de adaptarme a mi nueva casa –un nido vacío ya que mi hijo menor se había graduado del colegio unas semanas antes—, a la pérdida de mi amado trabajo/ministerio, y adaptarme a una nueva comunidad, y sentía que poco a poco iba perdiendo el control y decayendo. Pero este viaje era diferente a los demás. Era como si supiera cuál era el propósito de la subida. Podía escuchar los susurros del Espíritu Santo recordándome que era *necesario* subir la montaña.

Mas o menos diez meses después de habernos mudado, nuestro hijo se casó. Mientras miraba las fotos, noté que mi cuello se veía más grueso de lo usual. Pensé, *¿cómo es posible que nunca haya notado esto?* Cuando empecé a auto examinarme, encontré algo significante que no debía estar allí.

Los próximos meses consistieron en visitar al doctor, ultrasonidos y biopsias. Finalmente me dijeron que tenía ocho tumores pegados a mi tiroides. Uno era del tamaño de una pelotita de golf. Luego recibimos los resultados de los estudios y todo estaba bien, no había señal de cáncer, y, por lo tanto, no necesitaba ser operada. Pero, aun así, tenía una inquietud de que algo no estaba bien. Contacté a un endocrinólogo y descubrí que ambas abuelas, paternal y maternal, tenían bocios grandes y tuvieron que ser operadas. Debido a mi historial clínico familiar, decidimos que lo mejor sería remover quirúrgicamente los tumores y extirpar toda la glándula tiroides lo más pronto posible.

Cuando fui a ver al cirujano para mi visita de seguimiento, me sentía bien respecto a la cirugía. Pensé que miraría la incisión y me mandaría para la casa. Pero, apenas entró a la habitación, sus palabras fueron, "¿Quieres primero las malas noticias o las buenas?". Quedé pasmada y pensando, ¿*cuál podría ser la mala noticia?* Luego me dijo que tenía cáncer (esa era la mala noticia). La buena noticia era que había tomado la decisión correcta de buscar una segunda opinión y hacerme la cirugía. La biopsia original había tomado una muestra del tumor grande, pero la biopsia quirúrgica reveló que el cáncer estaba en la tiroides, no en los tumores.

Un mes después de la cirugía, pasaría la Navidad junto a mi familia en casa de mis padres. Lo que no sabíamos es que un poco más de seis meses después, el primero de julio, 2014, mi hermano mayor moriría trágicamente en India mientras escalaba las montañas del Himalaya para llevar el evangelio a un grupo de no alcanzados. Unos años después, en septiembre 2018, el cáncer reapareció, pero esta vez en mi pecho, después de un examen rutinario. Aunque el pronóstico es bueno, y Dios es fiel en cada etapa del viaje, mi vida sigue estando llena de pruebas, exámenes, medicina y visitas al oncólogo.

Desafortunadamente, los *viajes necesarios* no han sido llenos de dicha o un sueño para mí. Con mis dos diagnósticos de cáncer, el sufrimiento, las transiciones, y una etapa de depresión, me deja pensando cuántos más *viajes necesarios* me esperan aún.

He aprendido que la formación espiritual que se produce en los *viajes necesarios* hace que la dependencia en uno mismo y en otros disipe, llevándonos a fijar nuestros ojos en la única fuente de la cual podemos depender: Dios. Es durante los *viajes necesarios* que en nuestros corazones se produce un entendimiento de Dios mucho más profundo y más valioso.

Es durante los *viajes necesarios* que en nuestros corazones se produce un entendimiento de Dios mucho más profundo y más valioso.

Al pensar en las montañas, como la montaña en la que mi hermano falleció en India, necesito abordar las montañas espirituales que cruzamos en los *viajes necesarios*. Las montañas espirituales que necesitamos escalar traen esperanza y fe en lugares dificultosos. Los Salmos 120 al 134 consisten de los Salmos de ascenso. Los adoradores cantaban cánticos de ascenso en su viaje a Jerusalén cada año para celebrar la fiesta anual. Ese era su *viaje necesario*.

En la tradición judía del Viejo Testamento, el ritual de cantar cánticos de ascenso en el largo viaje a Jerusalén simbolizaba un acercamiento de Dios: fiestas, sacrificios, el arca del pacto, y el lugar santísimo. Al salir del desierto de Egipto, tenían un ascenso difícil para llegar a la ciudad de Jerusalén, y allí cantaban.

Su viaje necesario de ascenso consistía del cántico Salmo 121:

Alzaré mis ojos a los montes;
¿De dónde vendrá mi socorro?
Mi socorro viene de Jehová,
Que hizo los cielos y la tierra.
No dará tu pie al resbaladero,
Ni se dormirá el que te guarda.
He aquí, no se adormecerá ni dormirá
El que guarda a Israel.
Jehová es tu guardador;
Jehová es tu sombra a tu mano derecha.
El sol no te fatigará de día,
Ni la luna de noche.
Jehová te guardará de todo mal;
Él guardará tu alma.
Jehová guardará tu salida y tu entrada
Desde ahora y para siempre.

Así que, querida amiga, a medida que embarcamos en este viaje necesario, recuerda: "Dirijo la mirada a las montañas; ¿de dónde vendrá mi ayuda? Mi ayuda viene de Dios, creador del cielo y de la tierra" (Salmo 121:1-2, TLA).

Preguntas de reflexión:

1) ¿Puedes reconocer algún viaje necesario que hayas emprendido en tu vida?
2) ¿Qué es lo que te impide emprender tu viaje necesario?
3) ¿Qué te entusiasma o te emociona del viaje?

CAPÍTULO 2
DIOS TE ESPERA EN TU MONTAÑA

"Ahora, así dice Jehová, Creador tuyo, oh Jacob, y Formador tuyo, oh Israel: No temas, porque yo te redimí; te puse nombre, mío eres tú. Cuando pases por las aguas, yo estaré contigo; y si por los ríos, no te anegarán. Cuando pases por el fuego, no te quemarás, ni la llama arderá en ti. Porque yo Jehová, Dios tuyo, el Santo de Israel, soy tu Salvador; a Egipto he dado por tu rescate, a Etiopía y a Seba por ti."
–Isaías 43:1-3 (TLA)

Hace un par de años, asistí a un retiro de oración para mujeres líderes. Al final de la sesión de apertura, la directora nos animó a que buscáramos un lugar donde pudiéramos ir a escuchar y orar contemplativamente. A mí me gusta sentarme en el suelo, me siento más cerca de Dios cuando estoy más cerca del suelo. Me senté en el suelo por un rato mientras simplemente escuchaba, sintonizaba mi corazón y afinaba mis oídos para escuchar lo que Espíritu quería hablarme en ese momento. Parecía haber pasado mucho tiempo cuando de repente sentí tomar mi Biblia, mi cuaderno y un lápiz. Sentía que el Espíritu quería darme un mensaje.

Mientras escuchaba atentamente, abrí mi Biblia al Salmo 68:11, un pasaje nuevo para mí: "El Señor ha emitido la palabra, y millares de mensajeras la proclaman" (NVI). Pensé, *¿Dónde ha estado este pasaje bíblico toda mi vida?* Lo que sucedió después sigue siendo imprescindible para mi propósito y llamado. Mientras oraba y escuchaba atentamente, escuché: *Dios está preparando un ejército poderoso de mujeres que están llenas del Espíritu: guerreras, voces proféticas, adoradoras, trompetistas, llenas de gracia, constructoras de puentes, portadoras de gozo, restauradoras de esperanza, soñadoras, apóstalas, y empresarias (mujeres que darán a luz a algo nuevo).*

Al mirar bien la lista de la descripción de este ejército de mujeres, oré pidiendo claridad de qué significaba esto para mí personalmente. A medida que comencé a hablar públicamente en diferentes lugares, pude compartir esta historia y orar por las mujeres. Dios está levantando un ejército de mujeres llenas del Espíritu. Dios se acerca a nosotras para abrir nuestros corazones, nuestros ojos, y nuestros oídos a las mujeres talentosas y dotadas que nos rodean —en nuestras familias, iglesia y comunidades—.

> Tú eres parte de ese ejército. Eres una individua creada por Dios para hacer algo que yo nunca podría hacer, y para llegar a sitios donde yo nunca llegaré.

¿Por qué te cuento esta historia? Tú eres parte de ese ejército. Eres una individua creada por Dios para hacer algo que yo nunca podría hacer, y para llegar a sitios donde yo nunca llegaré. Él te ha capacitado y te ha empoderado con propósito y diseño; por tanto, "tu anhelo más profundo debería ser estar vivo en Dios, llegar a ser la persona que Dios diseñó, y ser usado para ayudar a que el mundo de Dios florezca".[11]

Este tipo de florecimiento no se da sin primero pedirle a Dios tu montaña. Cuando le pedimos al Espíritu de Dios que nos use, estamos invitando al riesgo, al dolor, y a que lo desconocido nos cambie. El crecimiento se da cuando Él nos da un empujoncito a dejar nuestra zona de comodidad y dar el paso a lo desconocido para comenzar nuestro ascenso a la montaña.

Cuando Moisés envió a los doce espías a que examinaran la tierra, Josué y Caleb fueron los únicos que regresaron llenos de fe, diciendo, "¡Podemos hacerlo!". Los

---

11 John Ortberg, *The Me I Want to Be: Becoming God's Best Version of You [El ser que quiero ser: Conviértete en la mejor versión de ti mismo]* (Grand Rapids, MI: Zondervan, 2010), 254.

otros diez estaban listos para regresar a Egipto y volver a ser esclavos otra vez. Después de la operación para espiar la tierra, Caleb vivió una vida larga y abundante. Subió muchas montañas en su vejez, y "a medida que su generación fue muriendo, tuvo que desarrollar un nuevo círculo de amigos en su vejez. Llegó a ser mentor, guía, y hasta animador para una nueva generación, y lo hizo tan bien que dijeron que querían que Caleb, a sus ochenta y cinco años, fuera quien los guiara en la región montañosa".[12]

Cuando nos aventuramos a un nuevo lugar, un nuevo comienzo, Dios te espera en tu montaña; sin embargo, "tu montaña no será la misma que la de otra persona. Pero sabrás reconocerla porque te esperará en la intersección de las tareas que requieren tus puntos más fuertes y las necesidades que invocan tus pasiones más profundas".[13] No nos acercamos a nuestras montañas solas, lo hacemos juntas, con una comunidad de hermanas que se apoyan y se animan.

Para comenzar el viaje colectivo e individual, te pido que consideres hacer un retiro de doce horas de oración para escuchar y descansar. Ya te compartí cuál fue el resultado de uno de mis retiros de escucha (Salmo 68:11), así que espera a que Dios te hable.

Yo nunca tuve un tiempo de retiro personal de oración hasta hace un par de años que decidí invertir en un curso de liderazgo intensivo de un año con Alicia Britt Chole. El grupo de mentoría se reuniría en Rivendell, Branson, Missouri, en enero de 2015, para un retiro intensivo de oración que duraría tres días. El primer día fue desastre para mí porque mi mente siempre orientada hacia las tareas deambulaba entre Dios y mi lista de quehaceres. El siguiente día, después de compartir mi error con el grupo, decidí intentarlo otra vez. El resultado final fue una inversión maravillosa de mi tiempo en acercarme más a Jesús. Desde entonces, he practicado retirarme a orar regularmente en mi vida y en mi viaje de liderazgo.

Alicia Britt Chole dice en su libro "*Ready Set Rest, The Practice of Prayer Retreating*" [Listos, en sus marcas, descansa: La práctica del retiro de oración]:

Cuando comencé a practicar la disciplina del retiro de oración, lo veía como un lujo. Ahora, este hábito inspirado por Jesús de intencionalmente invertir tiempo extendido en oración es un hecho valioso de mi viaje. Tan solo imagínate, cómo

---

12 Ortberg, *The Me I Want to Be, [El ser que quiero ser]* 250.
13 Ortberg, *The Me I Want to Be, [El ser que quiero ser]* 252.

puede ser impactado el futuro por una generación de líderes cuya presencia pública está anclada en un descanso espiritual.[14]

El día de descaso y el reposo son otro aspecto del retiro de oración. Yo describo el día de descanso como "vivificante". A veces durante mi día de descanso y mis retiros de oración, lo que más necesito es descansar. Y en ese momento, lo más espiritual que puedo hacer es tomarme una siesta.

Los días de descanso para mí generalmente terminan siendo un día creativo en el que paso el tiempo restaurando un mueble o una pieza decorativa en alguna área nueva en mi casa. Otras veces, ando en bicicleta, doy un paseo, o voy a caminar por la playa. La clave es apartar tiempo para orar, escuchar, y leer la Biblia, y hacer algo que te traiga gozo y vida a tu alma.

El Viaje Colectivo Subiendo la Montaña

Cuando pienso en mis años de ministerio desde el colegio Bíblico al presente, pienso en las responsabilidades requeridas de mí como líder y la vida familiar. Las palabras "*alma, cuidado, retiros espirituales y renovación*" no eran típicas en mi vocabulario. Tomó veintiocho años y la transición de un ministerio de iglesia local al liderazgo distrital para que yo me diera cuenta del estado en el que se encontraba mi alma y lo que me motivaba en el ministerio. Al entrar en esta nueva etapa de mi vida, las expectativas ministeriales fueron enfocadas más sobre mi esposo, dejando poco para mí y revelando el verdadero estado de mi alma.

Dos años después de la transición, un diagnóstico de cáncer y el fallecimiento de mi hermano, me encontraba tambaleando. Allí fue cuando decidí invertir en un grupo de mentoría de un año con Alicia Chole y volver a la escuela para sacar mi maestría. Estos nuevos espacios y caminos de dirección y estudio me ayudaron a abrir mi corazón a la idea de retiros de oración y días de descanso. Durante uno de los retiros de oración, llevé conmigo el libro de adviento, *The Greatest Gift* [El mejor regalo], por Ann Voskamp, lo cual me brindó un poco más de perspectiva sobre lo que verdaderamente importa:

> *Lo importante nunca es lo que no existe. Lo importante nunca es el tronco cortado. No es el sueño que ha sido cortado, o la esperanza que ha sido podada,*

---

14 Alicia Britt Chole, *Ready Set Rest, The Practice of Prayer Retreating [Listos, en sus marcas, descansa: La práctica del retiro de oración].* (Rogersville, MO: Onewholeworld, 2014), 44.

o la parte del corazón que ha sido extirpada. La parte que importa es que tú tienes un árbol.[15]

Dios me recordó que tenía la opción de enfocarme en el árbol cortado, el dolor y sus raíces, o podía reconocer que tenía un árbol. Al reflexionar sobre mi pasado y presente y mirar mi ministerio como un árbol, me di cuenta que había diferentes árboles representados en mi recorrido. Pude reconocer árboles estériles, árboles florecientes, árboles llenos de fruto, y árboles de colores cambiantes. El ciclo de las estaciones continúa sobre muchos aspectos de mi ministerio. Cada árbol sigue teniendo mucho propósito, más allá de que esté estéril o floreciendo o dando fruto. En la quietud y con mis lágrimas silenciosas, permití que la paz de Dios rodeara mi espíritu.

Dios me recordó que tenía la opción de enfocarme en el árbol cortado, el dolor y sus raíces, o podía reconocer que tenía un árbol.

A través de esta nueva etapa en mi vida, mi árbol no se sentía fuerte ni lleno. La estación en la que me encontraba se sentía árida y tuve que renunciar a muchas cosas, lo cual provocó que mi árbol perdiera muchas hojas. Mi árbol ministerial permaneció allí en el frío invierno, viéndome atravesar la depresión, el cáncer y el sufrimiento. Este árbol estéril permaneció allí por tres años en los que tuve que morir a mí misma, a mis expectativas altas, a mi necesidad de desempeñarme y brillar y a mi orientación hacia las tareas.

Sin embargo, en los viajes espirituales, el invierno no dura para siempre. La primavera llega, y consigo llegan los brotes nuevos. Esto representa mi viaje actual en el ministerio. Ha llegado una nueva temporada y todo lo que emprendo me brinda un nuevo espacio para plantar.

Los Salmos 1 y 139 ilustran poderosamente el punto que quiero comunicar: "Detrás y delante me rodeaste, y sobre mí pusiste tu mano. Tal conocimiento es demasiado maravilloso para mí; alto es, no lo puedo comprender". El Salmo 1:3 dice, "Será como árbol plantado junto a corrientes de aguas, que da su fruto en su

---

15 Ann Voskamp, *The Greatest Gift, Unwrapping the Full Love Story of Christmas* (Carol Stream, IL: Tyndale, 2013), 4.

tiempo, y su hoja no cae; y todo lo que hace, prosperará". Ambos pasajes bíblicos hacen referencia a un equilibrio entre la productividad, el cuidado del alma y el cuidado propio. La oración, el descanso, y la relajación siguen siendo vitales en la vida del líder, al igual que cuidar del cuerpo, el alma y la mente.

Podemos ver este principio también ilustrado en la vida de Jesús, registrado en Lucas 5:15-16: "Pero su fama se extendía más y más; y se reunía mucha gente para oírle, y para que les sanase de sus enfermedades. Mas él se apartaba a lugares desiertos, y oraba".

Lo opuesto de quebrantado es pleno o entero. Peter Scazzero observó el impacto personal que tiene la plenitud en el liderazgo:

Cuando nos dedicamos a alcanzar al mundo para Cristo y al mismo tiempo ignoramos nuestra propia salud emocional y espiritual, nuestro liderazgo es miope. Como lo peor, somos negligentes, lastimamos a otros sin necesidad y subestimados el deseo de Dios de expandir Su reino a través de nosotros.[16]

Es por esta razón que crear una conexión saludable con Dios, con nosotros mismos y con otros es algo imperativo.

En su libro *Una plenitud oculta: El viaje hacia una vida no dividida*, Parker Palmer usa el ejemplo de una tormenta de nieve para explicar el caos de la vida y la conexión con la sobrevivencia del alma. Él dice que en una tormenta de nieve, los campesinos atan una soga de la parte de atrás de la puerta de la casa a la puerta del granero, para no perderse y morir congelados durante la helada.

Así también sucede con el caos de la vida y el cuidado del alma. Necesitamos atar una soga entre nuestra alma y Dios, y entre nuestra alma y otras personas, para que podamos sobrevivir la tormenta de nieve:

Cuando logramos ver nuestra alma, podemos convertirnos en sanadores de un mundo herido —en la familia, en los barrios, en el lugar de trabajo y en la vida política— somos llamados a nuestra "plenitud oculta" en medio de una tormenta violenta.[17]

Al final de la vida de Moisés, durante una de sus últimas victorias, lo vemos en la cima más alta del Monte Nebo, donde Dios lo llevó a contemplar una vez más la

---

16 Peter Scazzero, "The Emotionally Healthy Leader," [Espiritualidad emocionalmente saludable. . .] *Influence Magazine,* December 2015-January 2016, 41, 42.

17 Parker J. Palmer, *A Hidden Wholeness: The Journey Toward an Undivided Life* [Una plenitud oculta: El viaje hacia una vida no dividida] (San Francisco: Jossey-Bass, 2004), 43.

tierra prometida. La Biblia dice que él tenía ciento veinte años, pero nunca perdió su vigor (Deuteronomio 34:7). Todavía podía escalar montañas.

¿Por qué estoy hablando del final si apenas estamos en el comienzo de nuestro viaje colectivo? Usualmente pensamos que terminar bien tiene todo que ver con el final. Pero terminar bien para un líder tiene que ver con nuestra habilidad espiritual de escalar montañas: "La vida no se trata de la comodidad. Se trata de decir, 'Dios, dame otra montaña.'".[18]

> Vivamos la aventura que Dios tiene planeada para nosotros y florezcamos en la vida y en el liderazgo.

Vivamos la aventura que Dios tiene planeada para nosotros y florezcamos en la vida y en el liderazgo. No estás sola en tu viaje a la montaña. Es un viaje colectivo, e iremos juntas como una banda de exploradoras listas para lo que Dios tiene preparado para cada una. La mejor parte es que Dios nos espera en la montaña. Él no te abandonará en el camino, sino que camina a tu lado todo el camino.

---

18 Ortberg, *The Me I Want to Be* [El ser que quiero ser: Conviértete en la mejor versión de ti mismo], 252.

PARTE UNO

EL NÚCLEO DE IDENTIDAD PERSONAL: EL PODER DE LA REFLEXIÓN INTERNA

"Cuida tu corazón más que otra cosa, porque él es la fuente de la vida."
—Proverbios 4:23 (RVC)

Bienvenida al primer fundamento *del viaje colectivo*: el núcleo de identidad personal, el poder la reflexión interna. Yo sugiero que recorras este libro lentamente. No es algo que debes apresurar, pero cada fundamento, ejercicio y pregunta de reflexión han sido pensados con un propósito y resultado en mente. Utiliza el libro individualmente o con tu grupo.

Los primeros dos fundamentos te ayudarán a definir y asesorar tu ser interno. El viaje del núcleo de identidad personal culminará en el principio de la comunión: el poder de las historias. Ambos aspectos de estos dos fundamentos apoyan la formación espiritual –"el proceso por el cual tu persona interna y tu carácter son formados"[19]—.

Tu persona está compuesta de dos partes: tu ser interno y tu ser externo. Tu ser externo es influenciado por tu forma de comer, tomar, hacer ejercicio y cómo vives tu vida en general. Tu ser interno (tu espíritu) tiene que ver con tu carácter, voluntad, tus pensamientos y deseos. Es formado por lo que ves, lees, piensas, escuchas, y lo que haces. Tú diseñas tu vida interna al alimentarla o ignorarla y descuidarla.

---
19 Ortberg, *The Me I Want to Be* [El ser que quiero ser], 29.

Esto es lo que yo sé: Dios te creó para florecer,

Esto es lo que yo sé: Dios te creó para florecer, "para recibir vida en tu exterior, crear vitalidad dentro de ti y producir una bendición que va más allá de ti. Florecer es el regalo y el plan de Dios, y cuando tú floreces, estás en armonía con Dios, con otros, con la creación y contigo misma".[20] Dios no cambiará quién tú eres. Sin embargo, sí te convertirá en una mejor versión de ti misma.

Durante el fundamento del núcleo de identidad personal, tomarás al menos dos pruebas de personalidad para ayudarte a entender quién eres y reflexionar en las diferentes influencias que forman tu persona única. El objetivo es responder la pregunta de todo seguidor de Cristo: "¿Quién soy?" e ilustrar que quiénes somos importa mucho más que lo que hacemos.[21]

También pasarás tiempo reflexionando sobre la condición de tu alma y tendrás que responder la pregunta: "¿Cómo está mi alma?". Descubrirás que para alcanzar el potencial divino que Dios te dio, necesitas estar consciente de tu alma y cuidar de tu ser interno (tu espíritu). A través de actividades autodirigidas, podrás ver que en tu elma es donde tu verdadera persona reside.

Responder con honestidad –permitir que las preguntas e inquietudes del alma te guíen— genera un crecimiento congruente. Desarrollar este proceso te ayudará a sostener la plenitud en tu liderazgo.

Explorarás qué es vivificante, la gracia de Dios, el amor de Dios y la paz de Dios. El capítulo cinco es uno de los capítulos más importantes de este libro. Las dificultades del liderazgo y de la vida necesitan un entendimiento mayor de la gracia y el poder que proviene de tener el amor y la paz de Dios.

Al final de este libro, desarrollarás una visión y una declaración de valores para tu viaje personal y tu viaje de liderazgo. Más tarde explicaré mejor cómo definirlo, pero quiero que empieces a pensarlo y que pongas atención a lo que descubres sobre ti misma en cada fundamento, y que lo escribas en un cuaderno o en la aplicación de notas en tu teléfono.

El liderazgo y tú no son diferentes entidades. Tú eres tu liderazgo –tu ser interno y tu ser externo—. Lo que tú brindas al mundo es único. El viaje que debes emprender para llegar a ser la mejor versión de ti misma es un viaje continuo y constante.

---

20 Ortberg, *The Me I Want to Be* [El ser que quiero ser], 14.
21 Reese and Loane, *Deep Mentoring* [Mentoría profunda: Guiando a otros en su viaje de liderazgo], 49.

Las dificultades del liderazgo y de la vida necesitan un entendimiento mayor de la gracia y el poder que proviene de tener el amor y la paz de Dios.

A medida que comiences con el primer fundamento, he incluido algunas sugerencias extras para optimizar tu experiencia. Estas se titulan *Ritmos de práctica*. Los ritmos –Conmovedora, Contemplativa, Amorosa, Creativa— fueron diseñados para diferentes individuos y las diferentes maneras de estudio y comprensión del material. Si eres una persona contempladora, entonces el ritmo titulado *conmovedora* quizás sea la mejor manera para que tú explores y logres una comprensión más profunda del fundamento del núcleo de identidad personal. El ritmo titulado *contemplativa* celebra a la pensadora e investigadora –la persona que necesita ver la evidencia por escrito—. El ritmo titulado *amorosa* está diseñado para hablar directo al corazón de lo que verdaderamente importa; y el ritmo titulado *creativa* es para las mujeres artísticas en el grupo.

Aunque depende de ti cuál quieres escoger y seguir, yo sugiero que en el primer fundamento, el núcleo de identidad personal, nadie pase por alto o saltee el retiro de oración y la prueba de personalidad.

También he incluido un libro que recomiendo que leas a medida que profundizas más y más en el estudio del núcleo de identidad personal y la importancia de la reflexión interna del alma.

Asesoramiento del núcleo de identidad personal

- Un mejor entendimiento de tu ser interno (espíritu) y cómo se relaciona con tu relación con Dios, contigo misma y con otros.
- Una concientización más profunda de tu ser interno (espíritu) y de cuándo las cosas están desalineadas con Dios.
- Incorporar la autodisciplina con un mejor cuidado personal como objetivo, por ejemplo, días de descanso semanales, ejercicio físico, un plan de alimentación más saludable, tiempo habitual de recreación o refrescamiento vivificante.

Ritmos de práctica–Núcleo de identidad personal

Cuadro 1. Fundamento uno: Núcleo de identidad personal

NÚCLEO DE IDENTIDAD PERSONAL	NÚCLEO DE IDENTIDAD PERSONAL	NÚCLEO DE IDENTIDAD PERSONAL	NÚCLEO DE IDENTIDAD PERSONAL
Conmovedora	Contemplativa	Amorosa	Creativa
Emprende el viaje: haz espacio para el día de descanso/reposo en tu rutina. ¿Cómo se verá eso para ti? Organiza un retiro de oración. Si puedes apartar 24 horas, ¡eso sería maravilloso! Si no puedes, al menos procura buscar o dedicar un marco de 8 horas continuas (sin interrupciones). Utiliza un cuaderno y lápiz, tu computadora, o tu teléfono para anotar tus pensamientos importantes sobre este tiempo. Recuerda anotar lo que el Espíritu te revela sobre ti –tu ser interno y tu ser externo—. Completa la *Evaluación Vivificante* que se encuentra en el *Apéndice A* y luego escoge una de las opciones y haz algo vivificante. Tómate el día libre y disfruta la libertad y el descanso del trabajo y de la vida de liderazgo. ¡Las ideas son interminables!	Haz dos de las pruebas de personalidad. Las pruebas son gratuitas, así que sigue los vínculos provistos a continuación: www.personalitypathways.com www.16personalities.com/freepersonality-test www.humanmetrics.com/cgi-win/jtypes2.asp www.onlinepersonalitytests.org/disc www.enneagraminstitute.com www.truity.com/test/enneagram-personality-test Analiza los resultados con alguna persona de confianza para ver si los resultados coinciden con tu carácter y persona. También hablaremos sobre esto en nuestras sesiones de mentoría grupal e individual. Separa tiempo para reflexionar y considerar una versión de ti más saludable. ¿Cuáles son algunos pasos que podrías tomar para crear un plan? Algunas posibilidades serían caminar entre 20-30 minutos, eliminar el azúcar en tu dieta (eso es súper difícil para mí), o hacer una pausa de las redes en un tiempo determinado. Estos son tan solo algunos ejemplos.	Separa tiempo para reflexionar y responder a las preguntas del recurso Planilla de la autodisciplina del autocuidado[22] que se encuentra en la sección (Apéndice B). En tu tiempo de recreación, escoge uno, dos o tres de los ejercicios para completar. Cada día, toma uno de los pasajes Bíblicos de la sección Pasajes Bíblicos "Yo soy" y ora utilizando el pasaje bíblico sobre ti (Apéndice C).	Escoge un pasaje bíblico o una palabra que haya sido importante para ti durante el viaje del núcleo de identidad personal. Ve a una tienda de manualidades y compra un lienzo, pintura y/o colores, y crea una foto con la palabra, pasaje bíblico, o algo visual que refleje este fundamento. Pon la imagen o pintura donde puedas verla cada día como un recordatorio diario de lo que Dios está haciendo en tu vida.

---

[22] Adele Ahlberg Calhoun, *Spiritual Disciplines Handbook: Practices That Transform Us* [Manual de disciplinas espirituales: Prácticas que nos transforman] (Downers Grove, IL: InterVarsity Press, 2005), 72, 73.

Libro recomendado para el núcleo de identidad personal

Barton, Ruth Haley. *Strengthening the Soul of Your Leadership: Seeking God in the Crucible of Ministry* [Fortaleciendo el alma de tu liderazgo: Buscando a Dios en el crisol del ministerio]. Downers Grove, IL: InterVarsity Press, 2008.

CAPÍTULO 3
¿CÓMO ESTÁ TU ALMA?

"De nada sirve que una persona sea dueña de todo el mundo, si al final se destruye a sí misma y se pierde para siempre."
—Lucas 9:25 (TLA)

El viaje de mentoría de liderazgo debe comenzar con entender la importancia de ser la guardiana de tu propia alma. Desde pequeñas se nos enseña la oración, "Ahora reposo mi cabeza y oro que mi alma Dios guarde". La oración sigue y nos enseña que nuestra alma un día continuará en el cielo o en el infierno después de la muerte. Aunque esto es cierto, nuestra alma tiene un propósito mucho mayor que este.

Los primero wesleyanos se reunían en grupos pequeños a orar. Al comienzo de cada reunión, hacían una pregunta muy importante: "¿Cómo está tu alma?". Nosotros tenemos la tradición de hacer la pregunta, "¿cómo estás?", pero esa pregunta puede ser fácilmente pasada por alto o desechada con una respuesta corta o indiferente.

Como líderes, a veces evitamos aquella persona que indudablemente nos dará una respuesta larga y detallada si le preguntamos cómo está. Sin embargo, la pregunta "¿cómo está tu alma?" nos lleva a examinar nuestra propia alma de manera activa y en verdad. No es tan fácil desplazar esta pregunta y evitar la respuesta.

En el liderazgo, todos esperamos que nuestra alma se encuentre bien y en buena salud, pero la realidad es que, aunque estemos al tanto de ello, hemos visto a otras personas a nuestro alrededor abandonar todo bajo la presión. Hemos visto amigos ser quebrantados por el peso abrumador de las presiones familiares, las desilusiones ministeriales, las prioridades entreveradas, y la presión de trabajar sin pausa y sin descanso:

> *¿Cómo se vería si al liderar lo hiciera con mi alma –el lugar donde me encuentro con Dios—en vez de hacerlo primordialmente con mi cabeza, mi activismo desenfrenado, o mi impulso por el desempeño y el rendimiento? ¿Cómo sería hallar a Dios en el contexto de mi liderazgo en vez de pasarlo por alto en mi liderazgo? El líder conmovido está atento a las realidades internas y las preguntas que surgen en vez de ignorarlas y seguir con el acto y juzgarse severamente. . . . El liderazgo espiritual surge de nuestra disposición para permanecer conscientes y comprometidos con nuestra alma –el lugar donde el Espíritu de Dios está trabajando y despertando las preguntas y nuestros deseos en lo más profundo de nuestro ser buscando acercarnos más a Él.".[23]*

Vivir con el alma requiere estar activamente consciente -ser auténticamente honesta y prestar atención a las realidades internas en vez de ignorar lo que verdaderamente está sucediendo en nuestro interior–.

Vivir con el alma requiere estar activamente consciente –ser auténticamente honesta y prestar atención a las realidades internas en vez de ignorar lo que verdaderamente está sucediendo en nuestro interior—. La agricultura, al igual que el cuidado del alma, toma tiempo y esfuerzo. Como dice el autor Stephen Covey,

"*¿A caso es posible "atiborrar" en una granja –olvidarte de sembrar en la primavera, divertirte todo el verano, y luego correr en el otoño para apresurar la*

---

[23] Ruth Haley Barton, *Strengthening the Soul of Your Leadership: Seeking God in the Crucible of Ministry* [Fortaleciendo el alma de tu liderazgo: Buscando a Dios en el crisol del ministerio] (Downers Grove, IL: InterVarsity Press, 2008), 25.

cosecha? No, porque la granja es un sistema natural. Tienes que pagar el precio y seguir el proceso. Cosechas lo que siembras, no hay atajos.".[24]

No importa qué haga yo, el día llegará en que la tierra producirá una cosecha, y si hago bien mi trabajo, el fruto que coseche será fruto de Dios.

Entonces, ¿cómo entramos en ritmo? ¿Cómo evaluamos la manera en que nuestra vida interna (nuestro espíritu) maneja el estrés de la vida y el liderazgo? ¿Cómo identificamos cuando necesitamos descansar y nuevamente llenar nuestros tanques espirituales? No podemos asesorar el estado de nuestra alma con tan solo leer la Biblia y orar porque aún los fariseos eran fuertes en estas disciplinas.

John Ortberg le preguntó a un hombre sabio sobre la evaluación del alma. El hombre le dijo que él se hace estas dos preguntas: "¿Me siento más fácilmente desanimado últimamente? ¿Me irrito más fácilmente últimamente?".[25]

Yo te invito a que incorpores estas dos preguntas en tu asesoramiento personal de cómo está tu alma. Cuando la respuesta es *sí* a cualquiera de estas dos preguntas, reflexiona sobre cuáles disciplinas espirituales has estado ignorando: *¿cuáles prácticas vivificantes he perdido en mi vida? ¿Necesito identificar y reorganizar mis prioridades? ¡Quizás lo que necesito es simplemente tomarme una buena siesta!*

Solo tú puedes responder a las preguntas honestamente. Te invito a que prestes atención detenidamente a tus respuestas. No esquives, no te agaches, ni evites la pregunta, porque es la pregunta más importante que te harás en tu vida y en tu viaje de liderazgo.

Preguntas de reflexión:

1) ¿Me siento más fácilmente desanimada últimamente?
2) ¿Me irrito más fácilmente últimamente?
3) ¿Cómo está mi alma?

---

24 Stephen Covey, "The Law of the Farm," [La ley de la granja] *Upprevention*, https://upprevention.org/the/34154-the-law-of-thefarm- by-stephen-covey-714-141.php.

25 Ortberg, *The Me I Want to Be* [El ser que quiero ser], 21.

CAPÍTULO 4
¿QUIÉN SOY?

"Por eso oramos siempre por ustedes. Le pedimos a nuestro Dios que los haga merecedores de haber sido elegidos para formar parte de su pueblo. También le pedimos que, con su poder, cumpla todo lo bueno que ustedes desean, y complete lo que ustedes han empezado a hacer gracias a su confianza en él."
—2 Tesalonicenses 1:11 (TLA)

Aún recuerdo el día que tomé mi primera prueba de personalidad. Bajé las escaleras, entré a la cocina y dije, "¡Soy una extrovertida!". Mi hija, Lindsay, se volteó, me miró y me dijo, "¿Y te sorprende esa revelación?".

La prueba de personalidad por Myers-Briggs me había revelado no solo mi tendencia extrovertida sino también la posible existencia de múltiples versiones de mi personalidad como ESTJ, ESFJ, ENFJ, o ENTJ. El profesor dijo que únicamente yo soy capaz de saber cuándo, cómo y por qué opera mi "sombra". Típicamente, las letras del medio revelan la sombra, especialmente cuando tu puntaje total no es alto en las cuatro opciones.

Para ampliar los estudios, la evaluación espiritual del libro *Knowing Me, Knowing God* [Conociéndome a mí mismo y conociendo a Dios] confirmó la sombra de mi personalidad. Reveló una tendencia fuerte a la extroversión y mi preferencia por la adoración y la conexión espiritual. Los puntajes de sombra permanecen en las preferencias centrales de Sentidos/Intuición y Sentimientos/Pensamiento. Como señala Malcolm Goldsmith, necesitamos activar nuestra sombra para llegar a ser líderes saludables:

"Nosotros también poder hallar salud y sanidad, fuerza y valor, si comenzamos a trabajar con, y en, nuestro subconsciente, en lo que mucha gente llama "nuestra sombra". Para poder verdaderamente apreciar un cristal de colores, es necesario entrar a la catedral oscura y mirar hacia afuera en dirección a la luz. Igualmente, muy a menudo, es necesario que exploremos la oscuridad de nuestra personalidad en nuestro interior, y permitamos que la luz la ilumine. De esta manera, podremos tener un mejor entendimiento de nosotros mismos y desarrollar una espiritualidad que es honesta y procura ofrecer a Dios nuestro ser por completo. Esto no solo incluye esas partes que nos gustan y son fáciles de aceptar sino también las partes que hemos relegado a nuestro subconsciente.".[26]

Conocernos a nosotras mismas –potenciar nuestras fortalezas y abordar nuestras debilidades con honestidad— permite que el líder crezca en áreas inesperadas. La comodidad de poder operar en mi sombra produjo un gran crecimiento en mi liderazgo y resaltó mi capacidad de extender gracia a otros, que normalmente no era el caso.

Conocernos a nosotras mismas -potenciar nuestras fortalezas y abordar nuestras debilidades con honestidad– permite que el líder crezca en áreas inesperadas.

Después de dar varios ejemplos de la vida de Jesús y cómo Él operaba en diferentes áreas, Goldsmith revela la meta final en su evaluación de la persona y el liderazgo:

"Nosotros también operamos en todas las funciones, pero como preferimos unas más que otras, se nos hace usualmente difícil actuar apropiadamente en cualquier situación dada. Tenemos la tendencia de querer conocer a toda persona y toda situación usando nuestras funciones de preferencia, pero a veces es más

---

[26] Malcolm Goldsmith, *Knowing Me, Knowing God: Exploring Your Spirituality with Myers-Briggs* [Conociéndome a mí mismo y conociendo a Dios: Explorando tu espiritualidad con Myers-Briggs] (Nashville: Abingdon Press, 1997), 86.

apropiado usar otras. Jesús parecía entender cómo responder apropiadamente en cualquier situación que se encontrara, y por eso, Él es un ejemplo y modelo para todos nosotros.".²⁷

En mi viaje de liderazgo, las habilidades que yo brindo siguen siendo efectivas cuando fluyen del modelo de autenticidad y gracia de Jesús. Cada día me levanto y me pongo mis prendas de liderazgo llenas de agujeros y cubiertas en tierra, lo cual demuestra que, en esta etapa de mi viaje, he estado viviendo en una cueva. Cuando la vida nos drena y extingue la luz de nuestro diario vivir, terminamos viviendo en una cueva.

No puedo descartar mi lucha con la depresión, mi diagnóstico de cáncer, la pérdida y la angustia, y las heridas del liderazgo. Las generaciones que vienen detrás de mí no están interesadas en mis logros; ellos quieren saber la verdad a través de un liderazgo auténtico y un mensaje lleno de gracia. Muchas veces esto significará compartir nuestras vivencias no tan lindas en la cueva y en las sombras, pero dejándole saber a otros que Jesús los espera al otro lado.

A medida que continúas el trecho de tu viaje que aborda el núcleo de identidad personal, necesitas formular un plan de auto evaluación y auto desarrollo determinado por una vida autentica en *shalom*, descanso y gracia:

"Para edificar una vida caracterizada por un ritmo sagrado, necesitamos entender tres principios fundamentales: shalom, "Sabbath", y gracia. Shalom es una experiencia interna de bienestar que fluye de adentro hacia afuera a nuestro mundo exterior... "Sabbath" es el ritmo básico de descanso... la gracia es la experiencia de estar uncido a Cristo... nuestro trabajo diario deja de estar en conflicto con nuestra plenitud y nuestro descanso.".²⁸

La vida auténtica y llena de gracia conlleva cierto desorden y requiere que a veces vivamos en la cueva, pero sigue estando llena de la presencia de Dios, a pesar de cuanto dolor o gozo nos espere en el camino. La presencia de Dios es un lugar de libertad, fe y anticipación de lo que nos espera por delante.

Pablo escribe, "Por eso oramos siempre por ustedes. Le pedimos a nuestro Dios que los haga merecedores de haber sido elegidos para formar parte de su pueblo. También le pedimos que, con su poder, cumpla todo lo bueno que ustedes desean,

---

27 Goldsmith, *Knowing Me, Knowing God* [Conociéndome a mí mismo y conociendo a Dios], 104.
28 Kerri Weems, *Rhythms of Grace [Ritmos de gracia] (*Grand Rapids, MI: Zondervan, 2014), 29.

y complete lo que ustedes han empezado a hacer gracias a su confianza en él." (2 Tesalonicenses 1:11, TLA).

Los líderes que lideran desde esta postura de humildad a la larga llegan a la conclusión que no es su definición del "ser verdadero" que asegura el éxito. Los líderes auténticos y llenos de gracia se levantan cada día, se visten con sus prendas de liderazgo apropiadas, y las portan con gracia y estilo.

Preguntas de reflexión:

1. ¿Qué definirías tú como tu "cueva de vivienda"?
2. ¿Cómo eres mejor en tu vida y liderazgo gracias a dichos lugares?
3. ¿Cómo puedes formular un plan para permitir que Dios traiga sanidad a esas áreas en tu vida en las que Él desea usarte para Su gloria?

CAPÍTULO 5
¿QUÉ ES VIVIFICANTE?

"Sin embargo, Dios fue bueno conmigo, y por eso soy apóstol. No desprecié el poder especial que me dio, y trabajé más que los otros apóstoles; aunque en realidad todo lo hice gracias a ese poder especial de Dios."
—1 Corintios 15:10 (TLA)

El último capítulo sobre el fundamento del núcleo de identidad personal hace la pregunta: "¿Qué es vivificante?". La respuesta no es una actividad sino la disposición a asumir la naturaleza de Dios. Sí, Dios me ama. Sí, Dios me da paz. Pero la gracia de Dios, cuando es aplicada, da paso a cada aspecto de la vida y el liderazgo. Recibimos la gracia de Dios, la aplicamos a nuestra vida, y luego aprendemos a darla.

El *qué* deja de medir el éxito según los reconocimientos humanos; en cambio, estoy deseosa del próximo retiro de oración y de escuchar los susurros de Dios. Sé de dónde he caído y que soy insignificante, pero a través de la gracia, Dios me revela qué es lo que más importa. A través de este modelo de gracia, puedo comenzar a operar en lo que Dios diseñó para mí. Lo que fluye hacia adentro, también fluye hacia afuera, y hace espacio para una perspectiva nueva del cielo-hacia-abajo (la perspectiva de Dios) en vez de la tierra-hacia-arriba (mi perspectiva y la de los demás).

La gracia tiene una definición simple: favor inmerecido, privilegio, no devengado. Quizás te identifiques conmigo; siempre he necesito una doble porción de gracia. Al igual que Pablo, puedo decir, "Pero por la gracia de Dios soy lo que soy; y su gracia no ha sido en vano para conmigo" (1 Corintios 15:10).

> Quizás te identifiques conmigo; siempre he necesito una doble porción de gracia.

Thomas Brooks, un predicador puritano, ilustra hermosamente la idea de la gracia poderosa: "La gracia y la gloria se diferencian en poco, una es la semilla, la otra es la flor. La gracia es gloria militante. La gloria es gracia triunfante". Buenísimo, ¿verdad? La gracia es la semilla y la gloria es la flor.

Debido a que permitimos que la gracia crezca en nuestras vidas (la recibimos, la aplicamos, la alimentamos), por medio de la gracia nos convertimos en una mejor versión de nosotros —podemos hacer lo que nos toca hacer—. La gracia no es un ser debilucho y llorón. Una simple porción de gracia es lo suficientemente poderosa y vivificante. La gracia aparece y convierte lo que hacemos en algo militante —activo, radical, revolucionario—. La gloria que mana de la gracia y brilla sobre nosotros es triunfante —exitosa, ganadora, victoriosa y conquistadora—.

Si no estás experimentando el amor y la paz de Dios, entonces necesitas más gracia. La gracia se instala en nuestras vidas y genera un cambio radical llevándonos de lo que una vez fuimos a lo que hemos de ser; una versión renovada y mejorada. La semilla de gracia es sembrada en tu ser interno (tu espíritu), y la gloria que proviene de la gracia brilla en todo tu exterior. Esto me emociona tanto que quiero salir a la terraza de mi casa y gritar "¡GRACIA, GRACIA, GRACIA! ¡Es vivificante!".

> La gracia se instala en nuestras vidas y genera un cambio radical llevándonos de lo que una vez fuimos a lo que hemos de ser; una versión renovada y mejorada.

Recuerdo las veces que le extendí gracia a mi hijo, Andrés. Él no se la merecía, y lo sabía bien, pero sentí el empujoncito del Espíritu Santo a extenderle gracia. Aún recuerdo su reacción: instintivamente tiró sus manos hacia arriba como Rocky Balboa (estoy segura que hasta podía escuchar en mi cabeza el tema central) y gritó, "¡Sí!" con un tono triunfante y un gesto victorioso. Con la gracia, querida amiga, ganarás una y otra vez.

En el capítulo anterior, te pedí que pensaras en tu "cueva de vivienda" (los momentos no tan buenos de tu vida y el liderazgo). Ahora quisiera que te tomaras un momento y permitieras que el Espíritu Santo aplique gracia a tus heridas, tu dolor, la falta de perdón, y hasta posiblemente a la vergüenza que sientes cuando reflexionas sobre dichos lugares difíciles.

Isaías 55:12-13 dice:

"Porque con alegría saldréis, y con paz seréis vueltos; los montes y los collados levantarán canción delante de vosotros, y todos los árboles del campo darán palmadas de aplauso. En lugar de la zarza crecerá ciprés, **y en lugar de la ortiga crecerá arrayán***; y será a Jehová por nombre, por señal eterna que nunca será raída" (el énfasis es mío).*

Para concluir este fundamento, concentrémonos en esta verdad: *en lugar de la ortiga crecerá arrayán*. Las raíces del arrayán son profundas, arraigadas a un fundamento firme, para que nada pueda moverla o tambalearla. Cuando el agua en la superficie se seca, el arrayán está anclado en sus raíces y tomará agua de lo profundo para sustentarse.

El fundamento del núcleo de identidad personal es un paso que no debes saltar en *El viaje colectivo*. El agua de la superficie usualmente se seca, dejando únicamente lo que queda debajo de la superficie –los lugares profundos que nadie más ve—. En esos momentos, necesitarás estar bien hidratada por Dios para sobrellevar la sequía.

Preguntas de reflexión:

1) ¿Cómo está ganando la gracia (victoriosamente) en tu vida?
2) ¿Qué disciplina espiritual en particular has comenzado a practicar este mes que se ha convertido en algo vivificante para tu vida y tu liderazgo?
3) ¿Cuál es tu plan para seguir implementando esta práctica vivificante en tu vida y tu liderazgo?

PARTE DOS

COMUNIÓN: EL PODER DE TU HISTORIA

"Y la halló el ángel de Jehová junto a una fuente de agua en el desierto, junto a la fuente que está en el camino de Shur. Y le dijo: 'Agar, sierva de Saraí, ¿de dónde vienes tú, y a dónde vas?' Y ella respondió: 'Huyo de delante de Saraí mi señora.'."
–Génesis 16:7-8

La comunión es la segunda parte de nuestro movimiento interno. La práctica de la comunión nos brinda una analogía de cómo podemos interiorizar el poder de nuestra historia vista a través de la historia de Dios –Su muerte, entierro y resurrección—. Juntas consideraremos las prácticas de recordar, perdonar y agradecer.

A medida que damos comienzo a este capítulo fundamental, considera esta pregunta: "¿Cuál es tu historia?". Para poder entender y responder a estar pregunta, los cuatro *Ritmos de práctica* se basarán en una sola actividad: crear un mapa personal de tu historia.

A medida que leas las instrucciones cuidadosamente y comiences a trabajar en este proyecto, permite que el Espíritu Santo te acompañe y te ayude a reflexionar en tu vida, tu viaje, tu familia de origen, la cultura, tus éxitos, fracasos, experiencia de fe, fuentes de gozo y dolor, y tu crecimiento emocional y espiritual.

Después de haber completado el mapa de mi historia personal, descubrí lugares difíciles y heridas que necesitaban la gracia de Dios, pero también encontré muchos momentos de gratitud a medida que reflexionaba en la bondad de Dios.

A medida que vayas creando el mapa de tu historia personal, la historia de Agar en Génesis te ilustrará el significado de las dos preguntas: ¿De dónde viniste? ¿Hacia dónde te diriges? (16:8). Agar sabía de dónde venía –"Huyo de delante de Saraí mi señora" (v. 8), pero Dios le mostró a dónde iba (v. 9-12).

> Para poder guiar a otros con un corazón abierto, necesitamos reflexionar cuidadosamente y saber de dónde salimos, dónde estamos paradas, y a dónde nos dirigimos.

Para poder guiar a otros con un corazón abierto, necesitamos reflexionar cuidadosamente y saber de dónde salimos, dónde estamos paradas, y a dónde nos dirigimos. Como líderes, para poder liderar con un corazón saludable e íntegro, y pleno, es fundamental que estemos conscientes de cómo hemos sido moldeadas e impactadas por nuestra cultura personal y familiar. A medida que respondas a estas preguntas con un corazón abierto, Dios podrá usarte para transformar la cultura en tu lugar de liderazgo.

Me encanta el libro "A Work of Heart: Understanding How God Shapes Spiritual Leaders" [Una obra de corazón: Entendiendo cómo Dios moldea a los líderes espirituales] escrito por Reggie McNeal. En su libro él dice:

> *"Afortunadamente, muchas mujeres y hombres proveen un verdadero liderazgo espiritual. Dichos líderes son obras maestras escasas. Son obras de corazón genuinas. No se desarrollan de un día para el otro, aunque parecieran "surgir de la nada". Siempre provienen de algún lugar –del corazón de Dios—. Fueron elaboradas cuidadosa y fielmente."*[29]

En el mismo libro, el capítulo titulado "Culture: Meeting the World" [Cultura: Conociendo al mundo] nos recuerda que los seguidores replican la cultura del líder, y es por eso que es tan importante reflexionar en nuestra historia y liderar con el corazón de Dios.

---

29 Reggie McNeal, *A Work of Heart: Understanding How God Shapes Spiritual Leaders* [Una obra de corazón: Entendiendo cómo Dios moldea a los líderes espirituales] (San Francisco: Jossey-Bass, 2000, 2011), xii.

Los emblemas de la comunión representan al perdón, la sanidad y la salud. Tomar el pan nos recuerda que Su cuerpo fue quebrantado y toda persona que cree puede vivir una vida sana. La copa representa Su sangre que derramó y nos recuerda que vivimos en perdón. Al participar en el fundamento de la comunión (el poder de tu historia), te animo a que "hagas a un lado el lente del perfeccionismo e imagines a la santidad a través del lente de nuestra unión con Dios."[30]

La mesa del Señor nos ofrece la manera de volver a ese lugar y recordar, examinar, y asegurar que nuestra historia sea buena. Recordar y perdonar nos permite orar generosamente y celebrar con gratitud.

Evaluación de la comunión

- Utiliza recuerdos desde tu nacimiento hasta el día presente para completar tu mapa personal. Permite que el Espíritu Santo traiga a tu mente memorias específicas y te revele las heridas que aún no han sanado tanto como los recuerdos que te llevan a dar gracias.
- Aplica el perdón y la sanidad a las memorias que te sean reveladas en el mapa personal.
- Empieza un diario de gratitud.

---

30 Chuck DeGroat, *Wholeheartedness: Busyness, Exhaustion, and Healing the Divided Self* [Con todo el corazón: ocupado, agotado y la sanidad del ser dividido] (Grand Rapids, MI: Wm. B. Eerdmans Publishing Co., 2016), 5.

Ritmos de práctica–La comunión

Cuadro 2. **Fundamento dos: La comunión** (En este fundamento, los cuatro ritmos tienen las mismas asignaciones).

COMUNIÓN	COMUNIÓN	COMUNIÓN	COMUNIÓN
Conmovedora	Contemplativa	Amorosa	Creativa
UN MAPA DE TU HISTORIA PERSONAL	UN MAPA DE TU HISTORIA PERSONAL	UN MAPA DE TU HISTORIA PERSONAL	UN MAPA DE TU HISTORIA PERSONAL
Crea un mapa de tu historia personal que cubra tu vida desde tu nacimiento al presente. Puedes dibujar un cronograma en una hoja o hacer algo más creativo. Es importante que incluyas los eventos principales, pero que también permitas que el Espíritu Santo te ayude a recordar cosas que parecieran ser insignificantes, pero no lo son. Este proyecto es solo para tus ojos, no lo compartas con nadie. Esto se puede discutir en la sesión de mentoría privada, pero eso depende de ti.	Te recomiendo que hagas un retiro espiritual de oración (4 a 8 horas) para compilar y crear el mapa de tu historia personal. Si esto no es posible, al menos aparta algunos intervalos de 2 horas para fijar tu atención en esto. También, considera el origen de tu familia. ¿Por quién fuiste criada? ¿Eran personas educadas, de clase media, o financieramente inestables? ¿Y qué de la etnicidad, la ciudad y el país, hermanos o hermanas, padres divorciados, abuelos, amigos? ¿Y la escuela? ¿Se mudaban de un lado a otro frecuentemente? No te olvides de incluir tu viaje espiritual; tu experiencia de salvación, tu llamado, y otras memorias significantes.	Presta atención al gozo y al dolor que surgen o son revelados a medida que vas compilando tu mapa. Suelta la vergüenza, la falta de perdón, el dolor, y permite que el Espíritu Santo sane y restaure tu historia. ¿Cómo te afectó todo esto? Escribe en tu diario o cuaderno y ora sobre tus descubrimientos, y haz cuantas pausas necesites para hacer espacio a la sanidad. Presta atención especialmente a las memorias que te causan gozo y dolor.	A medida que oras por el perdón y disfrutas los momentos de gratitud, busca una foto de ti o de tu familia que represente alguna memoria en particular o que esté vinculada a esos recuerdos y dale gracias a Dios por todo lo que Él ha hecho. Empieza un diario de gratitud.

Libro recomendado para la comunión

McNeal, Reggie. A Work of Heart: Understanding How God Shapes Spiritual Leaders [Una obra de corazón: Entendiendo cómo Dios moldea a los líderes espirituales]. San Francisco: Jossey-Bass, 2011.

CAPÍTULO 6
¿CUÁL ES TU HISTORIA?

"Me viste antes de que naciera. Cada día de mi vida estaba registrado en tu libro. Cada momento fue diseñado antes de que un solo día pasara."
—Salmos 139:16 (NTV)

El último capítulo en la sección del núcleo de identidad personal introdujo el pasaje de Isaías 55:12-13 e hizo un énfasis especial en el versículo 13: "En lugar de la zarza crecerá ciprés, *y en lugar de la ortiga crecerá arrayán;* y será a Jehová por nombre, por señal eterna que nunca será raída".

El arrayán tiene muchos patrones de grano. Cada patrón del árbol es desarrollado por los eventos que ocurren a su alrededor. Eso significa que cada tormenta, sequía, condición adversa o favorable, todas contribuyen al diseño hermoso en la madera del árbol arrayán.

A veces, luego el árbol es obrado por un artesano quien lo corta, lo lija y le da forma, hasta que la madera del arrayán se convierte en una creación hermosa. Frecuentemente, debido al tiempo que toma para que la madera llegue a su madurez y pueda ser procesada y obrada por un artesano, dichas piezas de madera o muebles se convierten en reliquias atesoradas.[31]

---

[31] Lynn Nessa, "A Lesson from the Myrtle Tree," [Una lección del arrayán] *Inspirational Contemplation,* https://nessalynn77.wordpress.com/2011/02/12/a-lesson-from-the-myrtle-tree/.

De la misma manera, nuestra vida es un largo proceso de madurez. Cuando era joven, pensaba que algún día finalmente "llegaría" al fin de mi camino personal hacia Cristo, pero cuán equivocada estaba. No llegaremos a ser como Cristo hasta que lo veamos cara a cara, por lo tanto, seguimos madurando, y permitimos que las pruebas, lo malo tanto como lo bueno, contribuyan a nuestra belleza única.

> Cuando era joven, pensaba que algún día finalmente "llegaría" al fin de mi camino personal hacia Cristo, pero cuán equivocada estaba. No llegaremos a ser como Cristo hasta que lo veamos cara a cara.

Aparte tiempo para meditar en el Salmo 139:16: "Me viste antes de que naciera. Cada día de mi vida estaba registrado en tu libro. Cada momento fue diseñado antes de que un solo día pasara". ¡Vaya! Dios está contigo, te ve, te conoce, sabe todo sobre ti, y Él camina contigo en el pasado, el presente y el futuro.

En la sección *Ritmos de práctica*, del capítulo que cubre el fundamento de la comunión, te he asignado crear un mapa de tu historial personal. Para incorporar la similitud del árbol, vemos tres aspectos de la participación: recordar, perdonar y agradecer.

El acto de recordar es el centro del sacramento de la comunión:

> *"Y tomó el pan y dio gracias, y lo partió y les dio, diciendo: Esto es mi cuerpo, que por vosotros es dado; haced esto en memoria de mí. 20 De igual manera, después que hubo cenado, tomó la copa, diciendo: Esta copa es el nuevo pacto en mi sangre, que por vosotros se derrama." –Lucas 22:19-20.*

Recordar es fundamental en la formación del corazón. Examinar, perdonar y expresar gratitud son tres cosas que se dan en la mesa del Señor. Gracias a Su último sacrificio y el poder la historia de Jesús, podemos abandonar nuestra historia en sus manos. Puede que para algunos sea difícil recordar, y puede que sea más fácil saltar algunas partes de tu historia, pero recordar es importante en tu vida y tu liderazgo:

> *"Muchos líderes cristianos no entienden su propia historia de desarrollo. No tienen una idea clara de los enredos que moldean y dan forma al corazón y a la larga son lo que crean su legado. A veces consideran ciertos eventos como*

significantes, pero no logran conectar los puntos entre cada experiencia en sus vidas. Como resultado, se pierden las lecciones y el entendimiento que brindan . . . La autocomprensión comienza y termina con Dios. Estoy convencido de que los líderes más efectivos son aquellos que se toman el tiempo para pensar y reflexionar en lo que Dios está haciendo en sus vidas. Quienes mejor entiendan sus corazones, mejor preparados estarán para el liderazgo.".[32]

Entender tu historia es parte del proceso para llegar a entender tu corazón de líder. Aunque algunas partes pueden ser dolorosas, es importante compartir tu historia y reconocer su importancia y poder.

En el libro *A Work of Heart* [Una obra de corazón], Reggie McNeal escribe que, "la madurez se da cuando aprendemos a apreciar cómo nuestros corazones fueron formados, y consideramos nuestro primer desarrollo cultural como un regalo.".[33]

Entender tu historia es parte del proceso para llegar a entender tu corazón de líder.

Las tres tareas para el corazón de un líder son: saber de dónde vienes, saber dónde estás parada, y saber hacia dónde te diriges y hacia dónde estás guiando a otros.[34] Aparta tiempo esta semana para investigar el origen de tu familia: ¿De dónde vinieron? ¿Eran personas de clase obrera, educadas, o ambas? ¿Eres la primera generación de creyentes en tu familia? Si la respuesta es no, ¿quién fue el primer convertido en tu familia? Piensa en otras preguntas, a medida que el Espíritu Santo las traiga a tu mente o memoria, y utiliza el mapa de tu historia personal para ayudarte a apreciar cómo fue formado y moldeado tu corazón.

Preguntas de reflexión:

1) ¿De dónde vengo?
2) ¿Hacia dónde voy?
3) ¿Cómo fue formado mi corazón?

---

32 Reggie McNeal, *A Work of Heart [Una obra de corazón]*, xxiii, xxv.
33 McNeal, *A Work of Heart [Una obra de corazón]*, 77.
34 McNeal, *A Work of Heart [Una obra de corazón]*, 75.

CAPÍTULO 7

UN VIAJE CON DIOS EN BÚSQUEDA DEL PERDÓN

"Después de que Dios le habló, Agar le puso por nombre: 'Tú eres el Dios que todo lo ve'. Y es que dijo: 'He visto al Dios que me ha visto'. Desde entonces ese manantial se llama 'Pozo del Dios que vive y todo lo ve'. Ese pozo todavía está allí, entre las ciudades de Cadés y Béred."

–Génesis 16:13-14 (TLA)

La primera vez que escuché sobre el coracle fue en mi clase de formación espiritual en el seminario de dónde me recibí con mi grado de maestría. La doctora Carolyn Tennant nos enseñó sobre la historia de la antigua iglesia celta y los botes pequeños que fueron construidos por los galeses, los irlandeses y escoceses. Los coracles eran usualmente construidos para una o dos personas y podían ser cargados de un lugar a otro.

"Los monjes celtas no se oponían a la aventura, y preferían construir coracles más grandes que pudieran cargar más personas en el océano. Esto de por sí era aventurero, pero además, los coracles eran sin rumbo y frecuentemente los monjes tenían que llevar remos o paletas. Ellos elevaban las velas e iban donde el viento los llevara creyendo que Dios los guiaría a donde necesitaban llevar el evangelio.".[35]

---
[35] Carolyn Tennant, *Catch the Wind of the Spirit: How the 5 Ministry Gifts Can Transform Your Church* [Atrapa el viento del espíritu: cómo los 5 dones ministeriales pueden transformar tu iglesia] (Springfield, MO: Vital Resources, 2016), 9.

La doctora Tennant reveló que esto se debía a que los irlandeses interpretaban Juan 3:8 de manera literal: "El viento sopla de donde quiere, y oyes su sonido; más ni sabes de dónde viene, ni a dónde va. . . . ." El viaje o peregrinaje –también conocido como peregrinación—era utilizado con el fin de evangelizar la mayor parte de Europa y con el tiempo se convertiría en "uno de los movimientos de misión más grandes y efectivos en la historia".

"Sin embargo, el peregrinaje también era personal".[36]

El peregrinaje era "el símbolo externo de un cambio interno; una metáfora y un símbolo del viaje hacia una fe más profunda y una santidad mayor, y el viaje hacia Dios, que es la vida cristiana".[37] Según Ian Bradley, el peregrinaje en coracle era un acto de "buscar el lugar de la resurrección personal" –un viaje con Dios en búsqueda de Dios—.[38] El viento también sopla en nuestra historia; en todo aspecto.

Los viajes siempre han sido parte del plan de Dios.

Los viajes siempre han sido parte del plan de Dios. Abraham y Sara, Moisés, los Israelitas, y Josué (de Egipto hasta la tierra prometida), David (escondiéndose en cuevas de Saúl), Jesús (desde su nacimiento en el establo hasta la cruz), los discípulos de la iglesia primitiva, y Pablo –todas estas personas hicieron viajes con el fin de avanzar el evangelio, y simplemente buscar a Dios—.

No podemos revertir la vergüenza provocada por una circunstancia o por otra persona. Cuando hemos sido heridas, cargaremos nuestra herida a todos lados como parte de nuestra realidad. La única verdad que podemos alterar es la verdad de nuestros sentimientos. Cambiar nuestros sentimientos solo puede darse a través del perdón. En las palabras de Lewis Smedes:

"Ninguna de las opciones del perdón nos sirve. La venganza no sana; solo empeora las cosas. Olvidar no ayuda. Si pensamos que lo hemos olvidado, es muy probable que hayamos metido la memoria por debajo de nuestra consciencia y con el tiempo se va pudriendo y convirtiéndose en una fuente que

---

36 Tennant, *Catch the Wind of the Spirit [Atrapa el viento del espíritu]*, 11.
37 Ian Bradley, *The Celtic Way [El camino de los celtas]*, (London: Darton, Longman and Todd, 1993), 80.
38 Bradley, *The Celtic Way [El camino de los celtas]*, 77.

envenena otra serie de dolores. Aparte, hay cosas que nunca deben olvidarse. La única opción que nos queda es el acto creativo de perdonar a nuestros ofensores con la misma gracia que nos permite perdonarnos a nosotros mismos.".[39]

Smedes presenta cinco pasos que atravesamos al decidir perdonar.[40]

1) Culpamos al ofensor: Lo hacemos rendir cuentas y de no ser así, simplemente no tendrá nuestro perdón.

2) Renunciamos a nuestro derecho a estar parejos: Tomamos nuestro derecho natural de balancear la situación –el derecho a lo que es justo, lo que merecemos como mínimo—tomamos el control, lo analizamos, consideramos las posibilidades, y luego lo rendimos. Asentimos a que el puntaje quede desparejo.

3) Analizamos la caricatura de la persona que nos provocó la vergüenza: Convertimos a esa persona en un monstruo personificado por lo que nos hizo. La vemos, la sentimos, la definimos completamente por la vergüenza que nos provocó. Sin embargo, a medida que fluimos en el perdón, gradualmente el monstruo cobra nuevamente su forma humana, débil e imperfecta, y no tan diferente a nosotras.

4) Examinamos nuestros sentimientos. A medida que la tundra congelada de resentimiento se va derritiendo, un zarcillo de compasión sale a la superficie. La angustia se mezcla con el enojo. La simpatía suaviza el resentimiento. En nuestra consciencia, comenzamos a sentir un deseo vacilante por el bien de esa persona.

5) Aceptamos a la persona que nos hizo sentir inaceptables. En la última escena del drama, ofrecemos a nuestro ofensor la gracia que Dios nos ofreció a nosotras. No solo lo perdonamos, sino que también lo aceptamos. Puede que no podamos restaurar la relación especial que solíamos tener con esa persona, pero si no podemos reconciliarnos, no será nuestro resentimiento lo que lo prevenga.

Somos nosotras quienes debemos cuidar nuestro arroyo, y tenemos la responsabilidad de mantenerlo limpio de los desechos que contaminan el agua y la hacen imbebible.

La historia de Agar (en Génesis 16) es una historia de vergüenza y perdón. Agar se encuentra embarazada y expulsada del único lugar que conocía. Junto a un pozo en el desierto, un ángel del Señor la visita y le hace dos preguntas: "Agar, sierva de

---

39 Lewis B. Smedes, *Shame and Grace: Healing the Shame We Don't Deserve [La vergüenza y la gracia: Sanando de la vergüenza que no merecemos]* (New York: Harper Collins Publishers, 1993), 135-136.

40 Smedes, *Shame and Grace [La vergüenza y gracia]*, 136-137.

Saraí, ¿de dónde vienes tú, y a dónde vas?'". Estas dos preguntas reflejan el poder sanador de la historia.

En el mundo antiguo, los pozos eran un lugar de necesidad, un lugar de reunión social, revelación y conexión. El pozo formaba parte de todo aspecto de la vida diaria. Las mujeres eran las que principalmente cargaban el agua; ida y vuelta iban al pozo múltiples veces al día. ¿Será que Agar visitó el pozo posiblemente esperando hallar a alguien con quien compartir su historia? Ese día, nadie llegó más que el ángel del Señor.

Génesis 16:14 ubica al pozo entre Cadés, que significa "lugar sagrado en el desierto", y Béred, que significa "estar frío". Este pozo, donde Dios se hace ver, está ubicado entre el lugar sagrado en el desierto y el lugar frío. Entre estos dos lugares, Dios se hace ver en la historia de Agar.

Es en nuestros intermedios [el espacio entre un lugar y otro] donde frecuentemente nosotras también damos a luz a nuestro "Ismael". Puede que tu historia te revele múltiples Ismaeles. Ismael no era considerado el hijo prometido; fue concebido por Agar durante la duda y el temor de Abraham y Sara, pero Dios redime todo aspecto de nuestra historia, cada Ismael y cada Isaac.

Tómate el tiempo que necesites para sentarte con las partes de tu historia donde tu Ismael fue concebido. Permite que el Espíritu Santo te guíe a perdonarte a ti misma y también a otros. Agar nombró el lugar donde Dios se encontró con ella "Beer Lahai Roi", que significa "el pozo del Viviente quien me ve". Algunos comentaristas bíblicos creen que la traducción del nombre del pozo es "el pozo del Viviente quien se deja ver". Querida, *Dios se deja ver en tu historia*. Puedes contar con eso.

Querida, Dios se deja ver en tu historia. Puedes contar con eso.

Preguntas de reflexión:

1) ¿Cómo se ha dejado ver Dios en tu historia?
2) Piensa en algún momento en tu vida donde te encontrabas en un punto intermedio. ¿Diste a luz a algún Ismael?
3) Si la respuesta es sí, ¿Cómo redimió Dios esa parte de tu historia?

CAPÍTULO 8
FIESTAS DE GRATITUD Y GOZO

"Porque con alegría saldréis, y con paz seréis vueltos; los montes y los collados levantarán canción delante de vosotros, y todos los árboles del campo darán palmadas de aplauso. En lugar de la zarza crecerá ciprés, y en lugar de la ortiga crecerá arrayán; y será a Jehová por nombre, por señal eterna que nunca será raída."
—Isaías 55:12-13 (TLA)

El último capítulo del fundamento de la comunión hace énfasis en la idea de la gratitud y el poder de tu historia. A mí me gustan mucho las fiestas de agradecimiento, donde hay muchas palmaditas de ánimo y fuertes gritos de celebración. Parte *del viaje colectivo* es atravesar las dificultades de la vida juntas. Sin embargo, para tener una fiesta, tenemos que haber llegado a la cima de la montaña más empinada.

Para concluir el fundamento interno –el núcleo de identidad personal y la comunión—echemos un vistazo más profundo a Isaías 55:12-13 (TLA):

"Porque con alegría saldréis, y con paz seréis vueltos; los montes y los collados levantarán canción delante de vosotros, y todos los árboles del campo darán palmadas de aplauso. En lugar de la zarza crecerá ciprés, y en lugar de la

ortiga crecerá arrayán; y será a Jehová por nombre, por señal eterna que nunca será raída".

Cuando yo leo este pasaje bíblico, puedo visualizar un desfile de gratitud que será conocido como el mejor de la historia.

Hace unos años, subí una montaña espiritual enorme en mi vida. Estaba sentada afuera de mi casa y me sentía como que había llegado a la cima de mi montaña, y luego abrí mi Biblia a leer este pasaje en el libro de Isaías.

De una forma que únicamente Dios podrías orquestar, el viento soplaba y las hojas en los árboles se movían de forma ondulante como anunciando la llegada de una tormenta. La versión NVI dice, "y aplaudirán todos los árboles del bosque". ¿Cómo aplauden los árboles? Sucede cuando el viento sopla y las hojas se agitan en el viento y se rosan unas con otras.

Ahí permanecí sentada, con lágrimas de gozo y gratitud corriendo por mi mejilla, dándome cuenta de que estaba en un momento divino. La creación estaba aplaudiendo. La creación estaba haciendo un desfile y gritando, "¡Lo hiciste! ¡Bien hecho! ¡Llegaste a la cima de la montaña!". Sabía que otra zarza brotaba a medida que mi arrayán crecía.

Tu historia poderosa es para la fama del Señor.

Tu historia poderosa es para la fama del Señor. Tu historia poderosa es una evidencia viviente y duradera de Dios. La creación lo reconoce y tú también necesitas reconocerlo.

Otro árbol mencionado en este pasaje bíblico es el enebro. El enebro (árbol de hoja perenne) crece en las montañas del Líbano y es un emblema de estatura majestuosa que a veces llega a los sesenta pies de altura. Este árbol produce una fruta similar a la piña del pino. La fruta crece hasta cuatro o cinco pulgadas de largo y luego se abre, esparciendo su contenido en el suelo. El fruto, o "carne dulce", es servida en todas las ocasiones alegres. En lugar de una zarza crecerá un árbol gigante que da fruto de gozo.

El arrayán que crece en lugar de cardos simboliza la paz y la victoria. Representa todo lo que es regenerativo y restaurativo. El arrayán representa victoria por su fragancia, presentación, preservación, y su tenacidad. Dios dice, "En vez de cardos, de tu fragancia, presentación, perseveración y tenacidad crecerá una vida victoriosa y llena de paz".

¿Cuánto tiempo ha pasado desde que tuviste una fiesta de agradecimiento y gozo? ¿Cuánto tiempo ha pasado desde que diste gracias por las partes buenas de tu historia y también las partes rotas? Pon música y celebra la bondad de Dios. Quizás, el viento comience a soplar hoy y los árboles del campo aplaudan al verte la cima de tu montaña alcanzar.

A medida que avanzamos a los siguientes fundamentos externos del llamado y la comunidad, las verdades profundas que acabas de aprender en los fundamentos internos del núcleo de identidad personal y la comunión servirán para enriquecer tu vida externa. No puedes pasar por alto el cuidado de tu alma y el poder de tu historia; proveen la corriente de tu vida y tu liderazgo.

No puedes pasar por alto el cuidado de tu alma y el poder de tu historia; proveen la corriente de tu vida y tu liderazgo.

Preguntas de reflexión:

1) ¿Cuál fue la última montaña espiritual que subiste?
2) Reflexiona en tu recorrido y observa dónde Dios caminó contigo y te animó y alentó.
3) ¿Hay algo que podrías celebrar en una fiesta de agradecimiento?

PARTE TRES

LLAMADO: EL PODER DEL DISEÑO DE DIOS EN TI

"Yo te elegí antes de que nacieras; te aparté para que hablaras en mi nombre a todas las naciones del mundo."
–Jeremías 1:5 (TLA)

El viaje colectivo continúa con el llamado: el poder del diseño de Dios en ti. Este fundamento inicia el enfoque exterior del líder y la revelación de los fundamentos internos –el núcleo de identidad personal y la comunión—.

A estas alturas, ya has descubierto que no es tanto lo que hacemos sino quiénes somos que importa en la vida y en el liderazgo. Cuando el viaje o el recorrido es colectivo (junto a un grupo de personas operando como grupo) y acompañado de discusiones grupales, mentoría personal uno-a-uno, y evaluaciones personales, viajamos de un lugar a otro con un plan de crecimiento individualizado.

La mayoría de nosotras muy probablemente tenemos una pila de libros de liderazgo en nuestra biblioteca personal y procuramos asistir a todas las conferencias habidas por haber donde personas de influencia en sus campos respectivos comparten las historias de éxito más recientes. Aunque leer material de liderazgo y asistir a conferencias puede ser de mucha ayuda, depender de estos métodos suele dar lugar al desarrollo de liderazgo genérico en vez de un crecimiento orgánico.

Cuando nuestro llamado y liderazgo se esfuerzan en reproducir el patrón de triunfo de alguien más, en vez de ir más profundo y buscar en nuestro interior desarrollar nuestras propias fortalezas, debilidades, y cualidades únicas, básicamente nos estamos vistiendo con ropa extragrande y poniéndonos botas en un inútil intento de crear un método y enfoque uniforme que funcione para nuestro propio contexto.

Como mujeres líderes, la prueba decisiva del llamado ocurre en entender el poder de la feminidad. Un líder es un líder, pero son expresados como masculino y femenino; ambos aportan similitudes y diferencias. El llamado —el poder del diseño de Dios en ti— no puede negar la realidad de que eres una mujer. No necesitamos más hombres que aporten o mujeres que piensen como los hombres. Lo que necesitamos son mujeres llamadas por Dios.

No necesitamos más hombres que aporten o mujeres que piensen como los hombres. Lo que necesitamos son mujeres llamadas por Dios.

Después de que Eric Metaxas escribió el libro *Seven Men and the Secrets of Their Greatness* [Siete hombres y el secreto de su grandeza], cual recibió una inesperada cantidad de respuestas positivas, se dio cuenta de la gran hambre que hay en nuestra cultura de héroes. La gente comenzó a preguntarle si escribiría otro libro sobre siete mujeres que fueran grandiosas. Así que el prosiguió a preguntarle a sus amigos, "Si lo hago, ¿de quién habría de escribir? ¿qué historias debería contar?". Las respuestas resultaron decepcionantes.

> "Al hacerlo me encontré con una suposición sobre la grandeza de la mujer poco sorprendente. Muchas personas sugirieron mujeres que fueron las primeras en hacer algo que los hombres ya habían hecho. Mencionaron a Amelia Earhart, la primera mujer que atravesó el Atlántico por avión, y también Sally Ride, la primera mujer americana que fue al espacio. Lo que más me llamó la atención de las sugerencias es que presumían que las mujeres deben ser comparadas a los hombres. Pero a mí me parecía erróneo ver a las mujeres de esa manera. Los hombres grandiosos en Seven Men and the Secret to Their Greatness [Siete hombres y el secreto de su grandeza] no fueron medidos por cómo se comparaban a las mujeres, por lo tanto, ¿por qué deberían las mujeres en el libro respectivo ser medidas por cómo se comparan a los hombres? Cuando considero las siete mujeres que escogí,

puedo ver que la mayoría de ellas eran grandiosas por razones que derivan precisamente del hecho que eran mujeres, no a pesar de ello; y lo que las hizo grandiosas no tiene nada que ver con ser medidas o comparadas con los hombres. En otras palabras, sus logros no son neutros en lo que se refiere al género, sino basados en su singularidad como mujeres. Todas existieron y prosperaron como mujeres.".[41]

Salmos 68:11 dice, "El Señor daba palabra; había gran multitud de mujeres que transmitían las buenas nuevas" (RVR 1977). En el mundo antiguo de los Israelitas, los hombres típicamente eran quienes peleaban en batalla, pero las mujeres cantaban los cantos de victoria. Por lo tanto, Miriam, al cruzar el Mar Rojo, tomó su pandero y cantó en victoria: "Cantad a Jehová, porque en extremo se ha engrandecido; ha echado en el mar al caballo y al jinete." (Éxodo 15:21).

De igual manera, en Jueces 5 vemos el canto de Débora: "Las aldeas quedaron abandonadas en Israel, habían decaído, hasta que yo Débora me levanté, me levanté como madre en Israel" (v.7). Barac se reusó a entrar a la batalla sin Débora quien, como mujer, guerrera y jueza de Israel, utilizó su feminidad, y al ganar la batalla, entonó un canto de declaración. Ambas mujeres no retrocedieron en su llamado ni su feminidad.

El objetivo de la vida y del liderazgo en el fundamento del llamado es vestirnos de ropa adecuada de nuestro tamaño, no extragrande y genérica. Los elogios y logros humanos dejan de ser lo que me impulsa. Al contrario, permitiré que mi llamado fluya de adentro y sea congruente con quién yo soy. A través de este modelo, puedo comenzar a operar en lo que Dios me diseñó para que hiciera.

> Permitiré que mi llamado fluya de adentro y sea congruente con quién yo soy.

Lo que fluye hacia adentro también fluye hacia afuera, y crea espacio para la visión y los valores que recibo cuando paso tiempo con Dios y Su diseño para mí. Luego puedo desarrollar un plan que provenga del cielo (la perspectiva de Dios) y no de la tierra (mi perspectiva).

---

41 Eric Metaxas, *7 Women and the Secrets of Their Greatness [7 mujeres y el secreto de su grandeza]* (Nashville: Thomas Nelson, 2015), xiv-xv.

Para este fundamento, desarrollarás una declaración de tu visión y tus valores (Apéndice H) para tu vida y liderazgo. He incluido una muestra de mi declaración de visión y valores para que uses como ejemplo.

Para crear tu propia declaración, comienza con palabras que te definen. ¿Qué dice la gente usualmente cuando te describen? ¿Qué te apasiona? ¿Cuál es *tu palabra*? Si no te sientes cómoda en crear tu declaración de visión y valores y necesitas instrucciones más detalladas, puedes hacer una investigación en la red. El objetivo es entender la importancia de saber comunicar con claridad lo que hemos sido diseñadas para hacer en nuestro liderazgo.

Evaluación de tu llamado

- Crea una declaración de tu visión y tus valores.
- Sueña con Dios: crea un inventario personal de tus metas, objetivos y pasos prácticos.

Ritmos de práctica–Llamado

Apéndice D: Declaración de visión y valores
Cuadro 3. Fundamento tres: El llamado

Llamado	Llamado	Llamado	Llamado
Conmovedora	Contemplativa	Amorosa	Creativa
Declaración de tu visión y tus valores			
Haz un retiro espiritual de oración. Si puedes agendar un retiro de 24 horas, sería ¡maravilloso! Si no puedes, aparta al menos entre 4 a 8 horas de tiempo sin interrupciones para reflexionar y orar sobre tu declaración de visión y valores. Ora por la palabra que Dios tiene para ti en esta etapa o temporada en tu vida. Incorpora esta palabra o frase en tu inventario personal.	Lee el libro *Courage and Calling: Embracing Your God-Given Potential* [Valor y llamado: aceptando el potencial que Dios te dio], escrito por Gordon T. Smith. Sigue trabajando en tu declaración de visión y valores.	Si es posible, regresa a algún lugar en tu vida que tenga un significado significante. Quizás sea el lugar donde aceptaste a Cristo o escuchaste a Dios susurrarte o depositar un sueño específico en tu corazón. Captúralo con una foto o escribe sobre tu experiencia. Hasta puedes publicarlo en tu cuenta de Instagram si quieres.	¿Descubriste o encontraste *tu palabra*? Si lo hiciste, sé creativa en cómo vas a exhibirla para que sirva como un recordatorio diario de tu declaración de visión y tus valores y tu llamado.

Libro recomendado para el llamado

Barsh, Joanna, and Susie Cranston. *How Remarkable Women Lead: The Breakthrough Model for Work and Life* [Cómo lideran las mujeres extraordinaries: El modelo del gran avance para el trabajo y la vida]. New York: Crown Business, 2009.

CAPÍTULO 9
EL SIGNIFICADO Y LAS PASIONES

"Por eso te recomiendo que no dejes de usar esa capacidad especial que Dios te dio cuando puse mis manos sobre tu cabeza. Porque el Espíritu de Dios no nos hace cobardes. Al contrario, nos da poder para amar a los demás, y nos fortalece para que podamos vivir una buena vida cristiana."
–2 Timoteo 1:6-7 (TLA)

Eres líder, de lo contrario, no estarías aquí. La pregunta es si tenemos claridad y pasión por el qué, dónde, y cómo Dios desea que lideremos. Los líderes tienen una pasión profunda dentro de ellos que los impulsa a marcar la diferencia; y esa pasión es frecuentemente alimentada y hecha realidad sin objetivos o un plan ejecutable.

El libro *How Remarkable Women Lead* [Cómo lideran las mujeres extraordinarias] presenta cinco factores comunes de las mujeres que fueron entrevistadas para el estudio.[42]

1) Propósito: El sentido de propósito es lo que inspira a las mujeres líderes, guía sus carreras, sustenta su optimismo, genera emociones positivas, y les permite liderar en maneras creativas y profundas.

---
42 Joanna Barsh and Susie Cranston, *How Remarkable Women Lead: The Breakthrough Model for Work and Life* [*Cómo lideran las mujeres extraordinarias: El modelo del gran avance para el trabajo y la vida*] (New York: Crown Publishing, 2009), 10, 11.

2) Estructuración: Para mantenerse en el camino al liderazgo y para funcionar como líder, una mujer debe ver las situaciones con claridad y evitar caídas y círculos viciosos para poder avanzar, adaptarse e implementar soluciones.

3) Conexión: Nadie lo logra solo. Las mujeres líderes crean conexiones significantes para desarrollar patrocinios y compañerismo, para colaborar con colegas y partidarios con cierta humanidad y calidez.

4) Compromiso: Los líderes exitosos asumen responsabilidad de las oportunidades y también los riesgos. Tienen una voz y la utilizan. También saben enfrentar sus temores.

5) Energización: Para tener éxito a largo plazo y acomodar a la familia y las responsabilidades de la comunidad, las mujeres líderes aprenden a manejar sus reservas de energía y saben acceder a la corriente.

De los cinco factores contribuyentes para las mujeres líderes, el propósito superóaa todos los demás. Entender qué nos inspira y qué nos apasiona ayuda a apoyar al resto de las áreas, lo cual nos empodera a liderar en maneras creativas y esclarecedoras.

> Entender qué nos inspira y qué nos apasiona. . . nos empodera a liderar en maneras creativas y esclarecedoras.

El origen del propósito en el trabajo y en la vida se remonta a la antigüedad de Grecia: "En el siglo IV a.C., Aristóteles sugirió que la gente logra *eudaimonia* (un estado contento de florecimiento) cuando hacen pleno uso de sus talentos únicos, y de ese modo cumplen su función básica en la vida".[43]

Segunda de Timoteo 1:6 nos recuerda del propósito y la pasión: "Por eso te recomiendo que no dejes de usar esa capacidad especial que Dios te dio cuando puse mis manos sobre tu cabeza" (TLA). El ámbito de la psicología positiva vincula la actividad significativa con la felicidad:

> *"El significado es la motivación en tu vida. Es descubrir qué te llama, qué hace que tu corazón palpite más rápido, qué te da energía y despierta pasión. El*

---

[43] Barsh and Cranston, *How Remarkable Women Lead [Cómo lideran las mujeres extraordinarias]*, 21.

significado te permite empujarte a ti mismo hasta el límite de tus capacidades y más allá".[44]

Para ayudarte a definir el significado de tu vida, tómate un momento para responder un par de preguntas:

- ¿Cuáles son algunos de tus puntos fuertes principales? Todos los tenemos. ¿Te gusta aprender? ¿Amas la justicia? ¿Eres una persona creativa? ¿O eres una persona analítica?
- ¿Qué te da un sentido de propósito?
- ¿Qué te motiva?
- ¿Qué drena tu energía?
- Más allá de las recompensas y el prestigio, tu trabajo en sí, ¿te hace feliz?

Gordon T. Smith dice en su libro *Courage and Calling* [Valor y llamado]: *"Cuando hablamos del llamado, lo hacemos con apreciación del potencial extraordinario que tiene cada persona de marcar la diferencia para el bien. Con esto no me refiero a que todos necesitan ser héroes, sino que, en medio de la simpleza de la vida diaria y ordinaria, el trabajo que hacemos tiene la capacidad de ser buen trabajo con un valor profundo y propósito".*[45]

Sin la realización del propósito y significado en cada etapa y temporada de la vida, el estrés del ministerio invalida el sentido de valor del individuo y nubla nuestro entendimiento o concepto del llamado. El bienestar y la salud emocional son importantes en el llamado, pero el propósito y el *significado* contribuyen al factor de la felicidad. Hay estudios que muestran que "la felicidad es motivadora, los equipos felices son más creativos, los líderes que irradian felicidad son más efectivos, y la felicidad mejora la salud física, tanto como la vitalidad y la resiliencia".[46]

Jeremías 1:5 declara, "Antes que te formase en el vientre te conocí, y antes que nacieses te santifiqué, te di por profeta a las naciones". Identificar lo que nos hace únicas, nuestros puntos fuertes, debilidades, dones espirituales, y pasiones se aclarará cuando seamos más dependientes de Aquel que nos formó.

En el libro *Strengthening the Soul of Your Leadership* [Fortaleciendo el alma de tu liderazgo], Ruth Haley Barton trasmite esta verdad de manera impactante:

---

44 Barsh and Cranston, *How Remarkable Women Lead [Cómo lideran las mujeres extraordinarias]*, 22.

45 Gordon T. Smith, *Courage and Calling: Embracing Your God-Given Potential [Valor y llamado: Aceptando el potencial que Dios nos dio]* (Downers Grove, IL: InterVarsity Press, 2011), 19.

46 Barsh and Cranston, *How Remarkable Women Lead [Cómo lideran las mujeres extraordinarias]*, 24.

"La vocación no proviene de una voz 'allí afuera' llamándome a ser algo que no soy. Proviene de una voz 'aquí adentro' llamándome a ser la persona que nací para ser, para cumplir la 'mismidad' original que me fue dada por Dios cuando nací.".[47]

Cuando los líderes se comprometen con esta verdad en sus prácticas de liderazgo diarias, se encomiendan al Creador en vez de a la creación de su seguridad, sus dones, habilidades, y visión. Su arduo trabajo y sus esfuerzos son rendidos al Dios Omnisciente y Todopoderoso; y es así que logran correr la carrera con un paso tranquilo.

Preguntas de reflexión:

1) Repasa los cinco factores de mujeres líderes: propósito, estructuración, conexión, compromiso y energización. De estos cinco factores, ¿cuál es el que careces? ¿Cuál se te hace fácil en tu vida y en el liderazgo?
2) Tómate un poco de tiempo para definir el significado de tu vida y responde las preguntas principales en este capítulo:
3) ¿Cuáles son algunos de tus puntos fuertes principales?
4) ¿Qué te da un sentido de propósito?
5) ¿Qué te motiva? ¿Qué drena tu energía?
6) Más allá de las recompensas y el prestigio, tu trabajo en sí, ¿te hace feliz?

---

47 Ruth Haley Barton, *Strengthening the Soul of Your Leadership [Fortaleciendo el alma de tu liderazgo]*, 77.

CAPÍTULO 10
TODO SE TRATA DE TI Y NADA SE TRATA DE TI

"Ustedes saben que el grano de trigo no produce nada, a menos que caiga en la tierra y muera. Y si muere, da una cosecha abundante."
—Juan 12:24 (TLA)

Yo no nací líder, ni era la más destacada del grupo de jóvenes. Cuando llegué al colegio bíblico, me sentía insegura, extrañaba mi hogar, me sentía indecisa, y tenía miedo. Pero sabía que estaba haciendo lo que Dios quería que hiciera y que estaba donde Él me quería. No califiqué para el coro (algo cómico ya que tiempo después terminé siendo líder de alabanza y adoración) ni viajé con grupos misioneros (y esto sí que fue algo grande para mí). Muchas veces me sentí pasada por alto y tenía miedo de decir lo que pensaba o expresar mi opinión en clase.

> Yo no nací líder, ni era la más destacada del grupo de jóvenes.

Todo cambió un día mientras estaba sentada en mi clase de misiones, donde me mantenía estratégicamente escondida por el miedo de que me escogieran a mí para hablar. El profesor, David Wyns, compartió sobre un proyecto grupal que debíamos completar bajo la dirección de cinco líderes escogidos por él.

Al anunciar los nombres, me quedé pasmada cuando escuché que yo era una de los cinco líderes. Pensé, *No, yo no soy líder. No puede ser que me escoja a mí. Me he mantenido escondida del grupo para no ser escogida. ¿Acaso no está consciente de que no soy la persona correcta para esto?*

Esa tarde, mientras contemplaba la situación, llegué a la conclusión que la única solución era reunirme con el profesor el día siguiente y suplicarle que me reemplazara con otra persona más apta y capaz. Al día siguiente, cuando me reuní con él, estaba lista con mi lista de todas las razones por las que yo no debía ser una de los líderes.

Cuando terminé de hablar, le dije, "Profesor Wyns, ha escogido a la persona incorrecta".

Él me respondió, "No, Lisa, yo he escogido a la persona *correcta*. Es que aún no lo entiendes".

Cuando Moisés tuvo su experiencia con la zarza ardiente, él trató de explicarle a Dios las muchas razones por las que el pueblo no lo seguiría. Pero la verdad subyacente en todo esto y para todos nosotros, es que no hay razón alguna que sea superior a Aquel que nos llama:

> *"En este diálogo asombroso, Moisés experimentó la gran paradoja del llamado: Dios está diciendo, en esencia, que todo se trata de ti (porque tú eres a quién he llamado) pero nada se trata de ti (porque se trata todo de mí y mi trabajo en ti y a través de ti)".*[48]

La palabra *liderar* tiene varios significados: el principal, encargado, primordial, el más significante, y el más importante. Sin embargo, cuando observamos el ejemplo del liderazgo de Jesús, ninguna de estas palabras o frases parecen ser relevantes. Jesús escogió lavar pies antes de que los suyos fueran lavados. Él enseñó el principio de que el último será el primero y el primero será el último.

¿Puedes imaginarte cómo sería una reunión de equipo compuesta por un equipo de la antigua iglesia? Pedro hubiera hablado primero y dicho, "Permiso, escuchen todos: se nos ha confiado este tesoro, Jesús nos dejó el mensaje, ¿qué debemos hacer?".

---

48 Barton, *Strengthening the Soul of Your Leadership [Fortaleciendo el alma de tu liderazgo: Buscando a Dios en el crisol del ministerio]*, 81.

El llamado requiere que lideremos con nuestro ejemplo de cómo seguimos a Cristo, y parte de ese requisito significa morir a nosotras mismas; tomar nuestra cruz y seguir a Jesús. Morir forma parte del comienzo del proceso, y sucede continuamente. Yo soy un poco como Pedro cuando se trata de la muerte –"Toda esta plática de la muerte Señor, ¡No!"—. Pero Jesús lo reprendió y dijo, "Vete de mí, Satanás" (Lucas 4:8). La muerte siempre serán parte del proceso.

Palabras como abnegación, sacrificio, dar y morir no son palabras usuales –al menos no lo son para mí—. Las connotaciones de estas palabras usualmente me causan temor de que algún día Dios me pedirá cuentas del peso de cada una. Este evangelio de "morir a uno mismo" y el paradigma de que "menos de mí y más de ti" siguen siendo difícil de aceptar. ¿A quién le gusta aceptar las pruebas?

Sin embargo, aceptar las pruebas y las circunstancias indeseadas es parte del proceso de morir a nosotros mismos. Puede significar enfermedad, perder a un ser querido, perder las finanzas, y la falta de perdón, transiciones, y mucho más. La verdad es que necesitamos un empujón para salir de nuestra zona de comodidad y muramos a nosotros mismos y podamos liderar correctamente.

En el llamado y liderazgo, enfrentarás muchas "noches oscuras del alma", una frase conmovedora escrita por el gran poeta y sacerdote del siglo XVI San Juan de la Cruz. Jesús les advirtió a sus discípulos que el camino sería difícil. David Platt hizo referencia a esto:

> *"En otra ocasión, justo después de que Jesús alabó a Pedro por su confesión de fe en Él como 'Tú eres el Cristo, el Hijo del Dios viviente', Jesús reprendió a Pedro por no entender la magnitud de lo que esto significaba. Como muchas personas hoy en día, Pedro quería un Cristo sin una cruz y un Salvador sin sufrimiento. Así que Jesús miró a los ojos a Pedro y a los demás discípulos y dijo, 'Si alguno quiere venir en pos de mí, niéguese a sí mismo, y tome su cruz, y sígame. Porque todo el que quiera salvar su vida, la perderá; y todo el que pierda su vida por causa de mí, la hallará.'"*[49]

El llamado a liderar y seguir significa estar dispuesto a ir a lugares difíciles, hacer las cosas difíciles, y crear espacio para la incomodidad en la vida por el bien del evangelio –tomar nuestra cruz y seguirlo a Él, donde sea que nos lleve y cualquier sea el precio—. Para los discípulos originales, les costó la vida.

---

49 David Platt, *Follow Me: A Call to Die. A Call to Live [Sígueme: Un llamado a morir. Un llamado a vivir]*. (Carol Stream, IL: Tyndale House Publishers, Inc., 2013), 11.

En julio 2014, mi familia enfrentó la realidad de la muerte con un propósito divino, cuando mi hermano murió en un viaje misionero en India. El accidente sucedió mientras él y otros hombres de su iglesia y grupo misionero hacían un largo viaje en las Himalayas rumbo a compartir el evangelio.

Después de la muerte de Terry, el misionero contó una historia de algo que había acontecido unos días antes. Ese día se habían reunido para repasar una lista de normas que necesitaban seguir repecto al grupo de personas y su cultura.

Al final de la sesión, Terry se acercó al misionero privadamente y le dijo, "Al final de este viaje, te voy a dar una norma más para que agregues a la lista". El misionero luego nos compartió que cuando él y otros dos hombres cargaban su cuerpo en una camilla camino a una aldea cercana, se le cruzó por la mente el pensamiento que Terry había escrito la norma número once: *Puede que te cueste la vida, pero ¿estás dispuesto a ir?* La idea de que tú y yo experimentemos la muerte literal por la causa de Cristo es improbable, pero Jesús habla de un principio espiritual que los líderes no podemos ignorar: morir a nosotros mismos. Cada líder debe tomar su cruz y seguir a Jesús. Cada líder necesita guiar y seguir. Aunque esto no tiene mucho sentido, es una práctica que todo líder necesita aplicar.

> La idea de que tú y yo experimentemos la muerte literal por la causa de Cristo es improbable, pero Jesús habla de un principio espiritual que los líderes no podemos ignorar: morir a nosotros mismos.

La parte recíproca del llamado se da en la muerte. Juan 12:24 dice que, "si el grano de trigo no cae en la tierra y muere, queda solo; pero si muere, lleva mucho fruto".

Preguntas de reflexión

1) ¿Hay alguna área de inseguridad, indecisión y temor en tu llamado?
2) Aparta tiempo para orar sobre este asunto, y permite que Dios te hable y te revele la razón de tu inseguridad o temor.
3) ¿Has tenido una experiencia como la de Moisés y la "zarza ardiente"? Si has tenido una experiencia así, escríbela y compártela con alguna amiga de confianza.

CAPÍTULO 11
VISIÓN Y VALORES

"Son como árboles sembrados junto a los arroyos: llegado el momento, dan mucho fruto y no se marchitan sus hojas. ¡Todo lo que hacen les sale bien!"
–Salmo 1:3 (TLA)

Ya casi llegamos al final de nuestro recorrido del llamado. Espero que estés trabajando en tu declaración de visión y valores y disfrutando el descubrimiento de qué te da propósito en la vida y las pasiones que te hacen florecer.

Pablo escribe, "Así que seguimos orando por ustedes, pidiéndole a nuestro Dios que los ayude para que vivan una vida digna de su llamado. Que él les dé el poder para llevar a cabo todas las cosas buenas que la fe los mueve a hacer." (2 Tesalonicenses 1:11, NTV). Estoy orando por ti, y a medida que lideres con humildad en tu corazón, sé que Dios acompañará tus buenas ideas con actos de fe para que tu trabajo llegue a ser mucho más de lo que puedes imaginar.

Me gustaría presentarte un ejercicio más para que utilices como guía. Es un plan de inventario y crecimiento personal. Yo sugiero que desarrolles el plan en tres meses y luego lo repases una vez más después de esos tres meses.

Acepta la idea de que Dios desea ser tu mentor.

El plan es desarrollado de "un ejercicio de orar y escuchar (en vez de una mejora personal) y cooperación intencional (en vez de la autodirección).[50] A medida que escuches, contempla, y acepta la idea de que Dios desea ser tu mentor.

(Apéndice D)
Plan de inventario y desarrollo personal
Fechas: _____

Espiritual	Físico	Familia	Ministerio	Día de descanso
Estudiante de la Palabra. Estudia un capítulo o un libro de la Biblia. Incorpora la memorización y escribe en un cuaderno. Estudiante de la oración. Aparta tiempo y haz espacio para escuchar a Dios y estar quieta delante de Él. Dedica tiempo por la mañana para estudiar y orar.	Mejora tu salud. Comer saludable: Elimina la mayoría de las azúcares de tu dieta. Más frutas y vegetales. Ejercicio: comienza con 30 minutos, 5 veces a la semana.			

Evalúa tu recorrido en este plan de crecimiento según tu reconocimiento de la presencia de Dios en tu vida —con una perspectiva del cielo hacia abajo, en vez de una perspectiva terrenal de la tierra hacia arriba. Una evaluación terrenal que mira de la tierra hacia arriba analiza el desempeño y el rendimiento y se basa en una lista de responsabilidades. La perspectiva del cielo hacia abajo le pregunta a Dios cómo Él te ve, si tu vida se alinea con Sus propósitos más que cuando comenzaste, y si estás más consciente de tu día de descanso. Esta perspectiva del cielo hacia abajo busca la

---

50 Alicia Britt Chole, "Movement Two: Toward Intentionality, Week Eight," [Movimiento dos: Hacia la intencionalidad, Semana ocho], The 7th Year, March 16, 2015, www.the7thyear.com.

respuesta a la pregunta "Dios, ¿Qué ves Tú?". Piensa en qué recursos podrían servirte o ayudarte para tu plan de crecimiento.

A medida que completes tu declaración de visión y valores y tu inventario y plan de crecimiento personal, piensa en las diferentes etapas y temporadas de la vida. Para aquellas que están en la edad adulta temprana o media, es la etapa de tu vida en la que te estableces y hallas tu lugar en el mundo. Para la mayoría de ustedes, esta quizás sea la etapa de comenzar sus carreras y posiblemente sus propias familias. Igualmente buscamos la respuesta a la pregunta de identidad básica: *¿quién soy en medio de todo esto?*

A estas alturas, tenemos decisiones que tomar sobre nuestros puntos fuertes, nuestros deseos, nuestro temperamento, y sobre qué nos inspira a expresar quienes somos en verdad. "Probablemente es justo decir que no nos conocemos verdaderamente a nosotras mismos hasta los treinta años, y es por eso que no podemos hacer la transición a los mediados de la edad adulta –o la adultez—antes de esto. Para tener claridad en el discernimiento sobre las motivaciones vocacionales es necesario haber vivido lo suficiente para saber ¿qué es lo que más me importa, más que cualquier otra cosa en la vida?".[51] Quizás has sido dotada en múltiples áreas y eso complica tus decisiones mucho más. Se necesita discernimiento y aprender a decir *no* a algunas cosas y *sí* a otras.

Si no tenemos cuidado, estas decisiones pueden producir desorden y ansiedad. Es por eso que los ejercicios que he incluido en esta sección te ayudarán a definir quién eres. He descubierto que mi manera de expresarme ha cambiado con el tiempo, pero quién soy ha sido constante y siempre ha coincidido con mi núcleo de identidad personal.

> Entrega a Dios tus inseguridades en cuanto a tu llamado e inclínate para escuchar Su voz de afirmación.

Dedica tiempo en cerrar este capítulo y esta sección del libro; repasa tu declaración de tu visión y tus valores. Reflexiona y expresa tu gratitud por quién eres, y las

---

[51] Gordon T. Smith, *Courage and Calling [Valor y llamado: Aceptando el potencial que Dios nos dio]*, 85.

pasiones que Dios ha depositado en tu corazón. Entrega a Dios tus inseguridades en cuanto a tu llamado e inclínate para escuchar Su voz de afirmación.

Preguntas de reflexión

1) ¿Cómo cambiaría tu vida vivieras con la perspectiva del cielo-hacia-abajo?
2) ¿Luchas con la ansiedad? Si la respuesta es sí, ¿Cuál piensas que es la raíz de tu ansiedad? ¿Es la perfección? ¿Es que tienes demasiados compromisos o responsabilidades? ¿Es la inseguridad?
3) ¿Qué es lo que más te importa en la vida?

PARTE CUATRO

COMUNIDAD: EL PODER DE TU RED

"Las heridas de un amigo sincero son mejores que muchos besos de un enemigo."
–Proverbios 27:6 (NTV)

Bienvenida al cuarto y último fundamento en *El viaje colectivo, la comunidad: el poder de tu red*. Este paso con un enfoque externo se basa en la lucha más grande que toda mujer líder enfrenta: la soledad. Las mujeres frecuentemente no son invitadas a sentarse a la mesa de hombres líderes y además enfrentan el rechazo de otras mujeres quienes, debido a sus propios prejuicios, no logran entender que el llamado no es cuestión de género.

El rol importante de la comunidad en nuestra vida no es algo que puede ser diluido.

El rol importante de la comunidad en nuestra vida no es algo que puede ser diluido. Jesús fue el ejemplo perfecto del amor de la comunidad: "Antes de la fiesta de la pascua, sabiendo Jesús que su hora había llegado para que pasase de este mundo al Padre, como había amado a los suyos que estaban en el mundo, los amó hasta el fin" (Juan 13:1). Las mujeres no pueden poner en riesgo la comunidad. "Poner en riesgo la comunidad sería poner en riesgo nuestra esencia y como resultado, no nos quedaría suficiente valor para ofrecer a otros".[52]

Un antiguo proverbio africano dice, "Si quieres ir rápido, camina solo; si quieres llegar lejos, ve acompañado". Para resaltar este punto y concluir este fundamento, tomaremos una herramienta del libro *Habitudes* [Hábitos] basada en las relaciones.[53] La evaluación observa seis diferentes tipos de comunidades: modelos —personas que hacen lo mismo que tú—; héroes –personas a quien admiras—; mentores —personas que te entrenan e invierten en ti—; compañeros –las personas más cercanas a ti, como tu familia y amigos de confianza—; y discípulos –personas que aprenden de ti—.[54] No es necesario que llenes todos los espacios en la evaluación, pero sí recomiendo que ores y busques a individuos que puedan formar parte de tu comunidad donde abunde la confianza.

C.S. Lewis dijo que, "La amistad nace en el momento en el que una persona le dice a la otra: ¿Qué? ¿Tú también? Pensé que era el único".[55] Lisa McKay señala lo siguiente sobre el valor de la amistad: "Hay una conexión instantánea cuando sabemos que no estamos solos en nuestras pasiones y en nuestro dolor".[56] Una comunidad donde hay confianza cuenta con el poder de las historias y entiende que no estamos solos en nuestro recorrido y camino de liderazgo.

Incluso Jesús tuvo a los doce con quién íntimamente compartió su viaje y camino. Él creó una comunidad con sus doce discípulos y permitió que Pedro, Santiago y Juan fueran parte de su círculo íntimo, y vertía su corazón a Dios, Su Padre. En el último fundamento, la comunidad, podrás identificar la presencia o la falta de una comunidad y sabrás cómo orar y construir una comunidad más fuerte que te brinde apoyo en tu vida personal y en tu liderazgo.

Evaluación de la comunidad

- Repasa y completa la evaluación en la página de recursos de relaciones (Apéndice I).

---

52 Barton, *Strengthening the Soul [Fortaleciendo el alma de tu liderazgo]*, 176.

53 Tim Elmore and Harvey Herman, *Habitudes: Images That Form Leadership Habits and Attitudes [Hábitos: Imágenes que forman los hábitos y actitudes en el liderazgo]*, (Atlanta, GA: Growing Leaders, Inc., 2013), 17.

54 Elmore and Herman, *Habitudes [Hábitos]*, 17.

55 Lisa McKay, *You Can Still Wear Cute Shoes [Aun puedes usar zapatos lindos]*, (Colorado Springs: CO: David C. Cook, 2010), 95.

56 McKay, *You Can Still Wear Cute Shoes [Aun puedes usar zapatos lindos]*, 95.

- Desarrolla una comprensión más clara de la comunidad y cómo se relaciona con nuestra relación con Dios.
- Con gratitud, descubre y saca a la luz cualquier carencia o abundancia en tu comunidad actual y luego, en oración, construye una comunidad más fuerte que te brinde apoyo en tu vida personal y en tu liderazgo.

Ritmos de práctica–La comunidad

Cuadro 4. Fundamento cuatro: La comunidad

COMUNIDAD	COMUNIDAD	COMUNIDAD	COMUNIDAD
Conmovedora	**Contemplativa**	**Amorosa**	**Creativa**
Este retiro espiritual o día de descanso necesitas tomarlo con un mentor o una mentora. Asegúrate que sea vivificante. Agradécele a Dios por esta conexión.	Haz un estudio bíblico de las relaciones entre amigos o mentor y discípulo, como Jonatán y David, Noemí y Rut, o Pablo, Timoteo y Tito.	Envía algunas tarjetas de agradecimiento a algunas de las personas en tu página de recursos de relaciones y déjales saber cuan agradecida te sientes por cómo han impactado tu vida. Sé específica.	Haz algunas tarjetas para enviar (de la sección "Amorosa"). Usa materiales de manualidades o imprime fotos de ti y la persona a quién envías la tarjeta. Esto servirá como otro recordatorio de cómo otras personas han impactado tu vida.

Libro recomendado para esta sección

Brown, Brené. *Braving the Wilderness: The Quest for True Belonging and the Courage to Stand Alone*. [Haciendo frente al desierto: en búsqueda de la verdadera pertenencia y el valor para hacerlo solo]. New York: Random House, 2017.

CAPÍTULO 12
FUISTE CREADA PARA LA COMUNIDAD

"Alzaré mis ojos a los montes; ¿De dónde vendrá mi socorro? Mi socorro viene de Jehová, que hizo los cielos y la tierra."
—Salmo 121:1-2 (TLA)

Tenía veintiocho años y era mamá de dos pequeños. Habíamos sido reubicados a un nuevo ministerio donde todo era diferente. Esta era mi tercera iglesia donde servía como la esposa del pastor. Cargaba conmigo heridas del ministerio del pasado; la tristeza y el cascarón que había formado para encapsular mi corazón me separaban de las personas atentas que trataban entablar una amistad conmigo.

En algún momento, durante mi estado depresivo, mi esposo y yo decidimos que necesitaba buscar un terapeuta, alguien que pudiera ayudarme a superar el pasado y ayudarme a sanar mis heridas. Mientras esperaba sentada en la sala de espera de la oficina del terapeuta, no estaba percatada de cuánto dolor verdaderamente cargaba.

Vertí mi corazón (sí, lo vertí por completo y lloré hasta la última lágrima). El terapeuta me escuchó atentamente y ofreció varias sugerencias. Al final, cuando pensaba que él diría algo profundo y me aliviaría de toda carga, me miró fijamente y me dijo, "Lisa, ¿tienes amigas?". Me quedé quieta por un momento; no podía pensar ni en una sola persona; no tenía ninguna amiga. Fue gentil al expresarse, pero me dijo, "Tu asignación esta semana es buscar una amiga".

De camino a casa, me convencí a mí misma de todas las razones por las cuales no podía encontrar una amiga, especialmente en tan solo una semana. Me estacioné en la entrada de mi casa, agaché mi cabeza e hice esta oración: *Querido Dios, no puedo hacer esto sin ti. Por favor guíame a una amiga, alguien en quien pueda confiar y abrirle mi corazón.* El día siguiente, mi día comenzó con la rutina tradicional de llevar a mis hijos a la escuela. Andrew necesitaba que firmara una nota de permiso, así que bajé de mi auto y entré al edificio, caminé por el pasillo de esta pequeña escuela que mis hijos asistían. De regreso a mi auto, camino a enfrentar un día más, podía sentir el peso de mi cita con el terapeuta del día anterior.

Al salir del edificio, dos mujeres, nuevas a la iglesia y a la escuela, me preguntaron cuáles eran mis planes por la mañana y si quería acompañarlas a tomar un café. Sorprendida por su pregunta, me pregunté si estas dos mujeres, paradas delante de mí, eran la respuesta a mi oración.

Ese día, compartimos mucho más que un simple café; el Espíritu Santo nos llevó a abrir nuestros corazones. Ann, Noemí y yo tenemos un círculo íntimo de amistad que se ha mantenido fuerte por veinticinco años. Soy mejor líder hoy gracias a su amistad y su influencia en mi vida.

El liderazgo sostenible se encuentra en la comunidad.

El punto que quiero hacer es simple: no puedes tomar un atajo cuando se trata de comunidad. Para que todo en el camino del liderazgo se alinee, adquirir todas las credenciales por haber y llenar todos los requisitos no te hará una gran líder. El liderazgo sostenible se encuentra en la comunidad.

La soledad usualmente es la lucha principal de toda mujer líder. La soledad que los líderes experimentan muy a menudo puede resultar en otras prácticas no saludables: "Cuando nos sentimos aislados, desconectados, y solos, tratamos de auto-protegernos. Cuando operamos en ese modo, deseamos conectar con otros, pero nuestro cerebro trata de suprimir la conexión y reemplazarla con la auto-protección. Eso significa menos empatía, más estrategias defensivas, más insensibilidad y menos descanso".[57]

La falta de comunidad, redes de apoyo y la desconexión de las amistades resulta en debilidad y vulnerabilidad. El liderazgo conlleva una vida ocupada, y a veces es la falta de tiempo para desarrollar y mantener las amistades cercanas lo que se interpone en el camino, pero Brown concluye que "varios estudios confirman que no es la cantidad de amigos lo que más importa sino la calidad de unos pocos".[58]

Jesús modeló el principio perfectamente en su formar de hablar a las multitudes, en cómo discipulaba a los doce, en cómo se relacionaba con su círculo íntimo (Pedro, Santiago y Juan), y en cómo llevaba todo a Dios en oración. Si Jesús necesitaba que alguien lo acompañara en su viaje, cuánto más necesitamos *nosotras* una comunidad que nos acompañe. Cuando llegó el momento en que Jesús tenía que enfrentar el camino solo –la muerte en la cruz—Él estaba preparado.

Sin entrar en detalles y convertir esto en un estudio sobre las palabras Hebreas *ezer-kenegdo*, sí es importante que señale la correlación entre la comunidad y la creación de la mujer. Génesis 2:22 y 23 dice:

"Y de la costilla que Jehová Dios tomó del hombre, hizo una mujer, y la trajo al hombre. Dijo entonces Adán: Esto es ahora hueso de mis huesos y carne de mi carne; esta será llamada Varona, porque del varón fue tomada".

La palabra *ezer* utilizada para referenciar a la mujer significa literalmente "mitad". *Kenegdo* significa "adecuada". La palaba Hebrea *ezer* en la forma masculina es utilizada veintiuna veces en el Viejo Testamento y con mayor frecuencia se refiere a Dios mismo: "Alzaré mis ojos a los montes; ¿De dónde vendrá mi socorro [ezer]? Mi socorro [ezer] viene de Jehová, que hizo los cielos y la tierra." (Salmo 121:1 -2). En el libro de Deuteronomio, *ezer* es utilizada tres veces como un término militar –la caballería que llega, la batalla que no puede ser ganada hasta que los refuerzos llegan—. Daniel utiliza *ezer* como la ayuda necesaria para superar los tiempos de persecución.

---

57 Brené Brown, *Braving the Wilderness: The Quest for True Belonging and the Courage to Stand Alone [Haciendo frente al desierto: en búsqueda de la verdadera pertenencia y el valor para hacerlo solo]* (New York: Random House, 2017), 54-55.

58 Brown, *Braving the Wilderness [Haciendo frente al desierto]*, 55.

> No se necesita demasiada imaginación para poder ver cómo Dios creó la esencia de nuestra feminidad para ser de compañía, apoyo y refuerzo.

No se necesita demasiada imaginación para poder ver cómo Dios creó la esencia de nuestra feminidad para ser de compañía, apoyo y refuerzo. Fuiste creada para formar parte de una comunidad. Nuestra ayuda e idoneidad nos arraigan a la semejanza de Dios, nuestro Creador.

Preguntas de reflexión:

1) Si la soledad usualmente es la lucha principal para las mujeres líderes, ¿has transitado tú el camino de la soledad en tu liderazgo alguna vez?
2) ¿Cuáles rasgos de aislamiento has visto en tu pasado o presente?
   - estar a la defensiva
   - falta de empatía
   - auto protección
   - falta de descanso
3) Piensa en tu comunidad/red. ¿Tienes un círculo íntimo? ¿Tienes un grupo grande de personas en quien puedes contar y confiar y que son de apoyo y ánimo?

CAPÍTULO 13
PERTENECES A UNA TRIBU MUCHO MÁS GRANDE QUE TÚ

"Estas cosas os he hablado, para que mi gozo esté en vosotros, y vuestro gozo sea cumplido. Este es mi mandamiento: Que os améis unos a otros, como yo os he amado."
–Juan 15:11-12

Como mujeres, la idea de quiénes somos y cómo Dios nos creó habla de la comunidad. Fuimos creadas para una vida tribal. En 1970, salió una película titulada *Tribus* que utilizó el termino en el sentido de un grupo de individuos íntimamente coligados y con una cultura en común. Las películas y la televisión han ayudado a promover el uso de la palabra "tribu" para reflejar un grupo social que comparte una cultura, y para otras personas, se ha convertido en un substituto del término "comunidad".

La ayuda idónea no camina atrás, ni adelante, sino al lado.

En el último capítulo, hablamos sobre la idea de que somos *ezer-kenegdo*, lo cual significa una ayuda idónea. La ayuda idónea no camina atrás, ni adelante, sino al lado.

Aún recuerdo el momento en que me di cuenta que mi tribu era mucho más grande que yo. Mis abuelos tenían un jardín grande, y cada verano, cuando llegaba el tiempo de cosechar fresas, arándonos, tomates, habichuelas verdes, guisantes, papas, maíz, etc., nosotras (las mujeres) nos reuníamos en la cocina de abuela y en el porche delantero para enlatar, congelar, hacer mermelada, kétchup casero, y otras delicias que mi abuela había aprendido en la granja donde creció.

Mi mamá y su hermana eran hijas únicas, y solo había dos nietas, mi prima Beverly y yo. Yo era la nieta más pequeña, lo cual significaba que siempre había alguien tratando de protegerme o enseñarme cómo se hacían las cosas. Pero finalmente había llegado el día en que me tocaba, como decía mi abuela, "trabajar el maíz".

Trabajar el maíz significaba agarrar las espigas de maíz calientes, que ya habían sido precocidas, y con un cuchillo filoso, cortar el maíz de la mazorca. Finalmente me había graduado al uso de un cuchillo filoso. Sin embargo, la preocupación del día era yo y el cuchillo y que tuviera cuidado de no cortarme los dedos.

Mi tía Shirley, mi mamá, abuela y Bev me vigilaron todo el día. Me corregían cuando era necesario y me animaban y festejaban por cada docena de maíz que conseguía poner en el congelador. No me dieron ningún "Chócalos los cinco", pero me daban palmaditas en mi hombro o me sonreían dejándome saber que la familia a la cual yo pertenecía era mi tribu y por lo tanto me animaban y celebraban mi éxito.

El pasaje en Proverbios 31 usualmente es visto como una lista de cosas que la mujer no puede completar o lograr en tan solo un día, ni en una semana ni tampoco en un año. Proverbios 31 es un poema acróstico. El tema de este poema de veintidós líneas, "la mujer de carácter noble" fue diseñado como una expresión tangible de la sabiduría, una virtud celebrada por el libro. Esencialmente nos demuestra la sabiduría de una manera práctica.

En la cultura judía, las mujeres no son quienes deben memorizarse Proverbios 31, sino los hombres. Ellos deben memorizarlo para poder cantarlo como un canto de alabanza a las mujeres en sus vidas —sus esposas, hijas, hermanas, madres, y amigas—. Usualmente se canta durante la comida del día de descanso, en la fiesta Shabbat. Sobre todo, el único lenguaje instructivo en el poema es dirigido a los hombres: "alábenla en las puertas sus hechos".

La primera línea del poema en Proverbios 31 dice, "Mujer virtuosa, ¿quién la hallará?" y es traducida como "Una mujer de valor, ¿quién la puede hallar?". La palabra hebrea utilizada para "mujer virtuosa y de valor" es *eschet chayil*. La frase hebrea *eschet chayil* es utilizada en la cultura judía para alentarse unos a otros a celebrar todo, desde una promoción, a un embarazo, a actos de misericordia y justicia, hasta batallas con cáncer, con un fuerte "Eschet Chayil". No pienses tanto en qué haces sino en quién eres y cómo lo haces. Si eres ama de casa y mamá, sé una ama de casa y una madre de valor. Si eres enfermera, sé una enfermera de valor. Si eres empresaria, pastora, o trabajas en Starbucks... si eres adinerada, pobre, soltera, o casada, hazlo con valor.

Este es el punto clave: la mujer de valor *eschet chayil* afirma y anima a otras. Sin embargo, el problema ocurre cuando las mujeres líderes no fomentan una cultura de alentar a otros.

> La cultura de ánimo y afirmación necesita comenzar en algún momento y lugar. Entonces, ¿por qué no contigo? ¿Por qué no conmigo?

Todas hemos experimentado los celos, los comentarios desalentadores, y las mujeres adultas que dicen, "Eres demasiado joven, y todavía no es tu tiempo". La cultura de ánimo y afirmación necesita comenzar en algún momento y lugar. Entonces, ¿por qué no contigo? ¿Por qué no conmigo?

Una familia funcional te da el cuchillo y te da tu docena de espigas de maíz y te observa cuidadosamente para que hagas el trabajo exitosamente. Fuiste creada para una vida tribal, para la comunidad, y tu tribu te está apoyando y alentando.

Preguntas de reflexión

1) Escribe en tu cuaderno sobre algún momento en que te hayas sentido animada y alentada y luego escribe sobre algún momento en tu vida en el que no tuviste el apoyo y la afirmación de nadie.
2) Dale gracias a Dios por los hombres que ha puesto en tu vida quienes te declaran como una mujer de valor. Estudia Proverbios 31 y el *eschet chayil* de alentarte a ti misma.

CAPÍTULO 14
TU TRIBU TE CONECTA A OTRAS TRIBUS (TRIBUS GENERACIONALES)

"El Señor da la palabra, y una hueste de mujeres trae las buenas noticias."
—Salmo 68:11 (NTV)

Como mencioné al comienzo de este libro, hace un par de años, participé en un retiro pre-conferencia de oración. Después de haber compartido un devocional breve, la oradora nos invitó a que buscáramos un lugar donde no sentáramos a escuchar y orar. Yo encontré un lugarcito en la parte de atrás del salón y me senté en el suelo con mi Biblia, mi cuaderno y un bolígrafo.

Mientras la música sonaba suavemente en el fondo, cerré mis ojos para poder enfocarme y escuchar. Unos minutos después, comencé a sentir que Dios quería revelarme algo importante. Tomé mi Biblia y mi cuaderno y fui al libro de los Salmos, donde encontré un pasaje que nunca antes había notado: *"El Señor da la palabra, y una hueste de mujeres trae las buenas noticias."* (68:11, NTV). Sorprendida, tomé mi cuaderno y comencé a escribir: *Dios está preparándose para levantar un ejército poderoso de mujeres que estén llenas del Espíritu.* Aunque la revelación que Dios me dio ese día era importante, Dios me daría una revelación mayor al estudiar el pasaje de Salmo 68:11. El significado de "la palabra" en el versículo 11 tiene el mismo significado que aparece en el Salmo 19:4, "Sin embargo, su mensaje se ha difundido por toda la tierra y sus palabras, por todo el mundo". El significado de "sus palabras" en cada pasaje es "expresión divina" – "El Señor anuncia *la expresión divina*, y una hueste de mujeres trae las buenas noticias" (énfasis mío)–.

En otras palabras, las mujeres proclaman lo que escuchan de Dios. La voz del Señor llega a los fines de la tierra por medio de las mujeres que la proclaman.

> La voz del Señor llega a los fines de la tierra por medio de las mujeres que la proclaman.

En el Viejo Testamento, durante las declaraciones de victoria, las mujeres tenían la responsabilidad de celebrar el triunfo. Las mujeres expresaban dichas declaraciones de victoria por medio de cánticos y danza. Un ejemplo de esto aparece en Éxodo 15:20-21, cuando Myriam comienza a cantar:

"Entonces la profetisa Miriam, hermana de Aarón, tomó una pandereta, se puso al frente, y todas las mujeres la siguieron, danzando y tocando sus panderetas. Y Miriam entonaba este cántico: "Canten al Señor, porque ha triunfado gloriosamente; arrojó al mar al caballo y al jinete." (NTV).

Nuevamente, en Jueces 5, vemos el cántico de Débora. En el versículo 7, Débora canta: "Las aldeas quedaron abandonadas en Israel, habían decaído, hasta que yo Débora me levanté, me levanté como madre en Israel." (RVR 1960). Ambos pasajes bíblicos ilustran la enseñanza de las generaciones sucesivas.

Miriam comenzó a cantar y las demás mujeres y sus hijas la siguieron. Como líderes, asumieron la responsabilidad de enseñar a su comunidad y a las generaciones. Adicional, fue la obediencia de Débora lo cual le dio el título de Madre de Israel. Madre es un término generacional. Quizás parezca un poco innecesario decirlo, pero una madre es hija de otra madre y es madre porque tiene una hija.

Las generaciones continúan por medio de la maternidad, crecer la tribu. Las tribus son una conexión generacional. Débora actuó como la madre de Israel. Ella fue nombrada jueza de Israel y permitió que su feminidad brillara a través de su liderazgo. Cuando se ganó la batalla, entonó un cántico de declaración. Ella actuó como *ezer*, una guerrera, la ayuda que Israel necesitaba. Las tribus hablan de pasar tradiciones de una generación a otra.

El precedente de la celebración de las mujeres significa que no celebraban simplemente una victoria sino victorias sucesivas. Sus declaraciones no provenían de un grupo de mujeres celebrando una victoria específica sino múltiples mujeres a lo largo de varias generaciones. Celebraban rápidamente cada victoria sucesiva, una tras la otra y otra y otra.

Cuando desarrollamos la comunidad, o una tribu –una comunidad sucesiva y multigeneracional–, desarrollamos el sentido de pertenencia a algo mayor que nosotras, y los mayores enseñan a los jóvenes y los jóvenes a los mayores. Dicha colaboración permanece únicamente femenina: "No me gustan los estereotipos, pero he observado a los hombre y mujeres líderes, y es notable que la preferencia instintiva de la mujer es involucrar a todos".[59]

¿Por qué no usamos la preferencia instintiva de involucrar a todos para nuestra ventaja y aceptamos la tribu creciente de mujeres fuertes, únicas y admirables que unen sus esfuerzos y caminan brazo a brazo para cumplir el llamado de Dios en sus vidas? Te recuerdo del proverbio africano: "Si quieres ir rápido, camina solo; si quieres llegar lejos, ve acompañado".

> ¿Por qué no usamos la preferencia instintiva de involucrar a todos para nuestra ventaja y aceptamos la tribu creciente de mujeres fuertes, únicas y admirables que unen sus esfuerzos y caminan brazo a brazo para cumplir el llamado de Dios en sus vidas?

Preguntas de reflexión:

1) Tómate tiempo para retirarte y completar la página titulada "Mi red".
2) Analiza los espacios en blancos y ora pidiéndole a Dios que te ayude a llenar esos espacios.

---

59 Joanna Barsh and Susie Cranston, *How Remarkable Women Lead [Cómo lideran las mujeres extraordinarias]*, 182.

CAPÍTULO 15
EL CIELO HACIA ABAJO Y LA TIERRA HACIA ARRIBA

"Lo que yo les impongo no es difícil de cumplir, ni es pesada la carga que les hago llevar."
–Mateo 11:30 (TLA)

Vaya, ya casi alcanzas el final del libro. A medida que has transitado el camino y has recorrido los fundamentos internos y externos del núcleo de identidad personal, la comunión, el llamado, y la comunidad, probablemente hayas adquirido un mayor conocimiento sobre tu vida y liderazgo. Las mujeres se hacen más fuertes cuando están juntas; esto es especialmente cierto cuando las mujeres conectan de manera intergeneracional y aprenden unas de las otras. Rellenar los huecos en el liderazgo generacional depende de pasar la batuta de liderazgo exitosamente. Sin embargo, si la batuta se cae, se generarán huecos y las mujeres sufrirán de la falta del desarrollo de liderazgo.

Poder identificar y mentorear líderes femeninas que estén seguras en su llamado, pertenezcan a una comunidad con propósito, compartan sus historias para generar cambios, y busquen una formación y desarrollarse como líderes, tiene el poder de fortalecer la vía de líderes femeninas fuertes y capaces.

Para concluir *El viaje colectivo*, hay tres caminos más que necesitas recorrer para entender el trabajo que el Espíritu Santo está haciendo en nuestras vidas –el proceso de rendir el perfeccionismo, entregar nuestros sueños, y sentarnos a la mesa–. Estas tres cosas son fundamentales para poder cerrar el círculo del camino que conecta las generaciones y logra una plenitud en la vida y en el liderazgo. Cada una fluye de la riqueza de congruencia entre el mundo interno y externo del líder.

El perfeccionismo es incesante y agotador.

Casi todos luchamos con el perfeccionismo. Quizás necesito creer que todos luchan con el perfeccionismo para sentirme mejor de mí misma y mi lucha personal. El perfeccionismo es incesante y agotador. Te aísla, resalta tus inseguridades de inferioridad, genera vergüenza, y desarrolla un sentido falso de ti misma.

Aunque es difícil encontrar una definición clara del perfeccionismo, resulta más fácil explicar lo que *no* es: "El perfeccionismo no es lo mismo que esmerarse por ser mejor. El perfeccionismo no es mejorarse".[60]

Es importante esforzarse por crecer y alcanzar logros saludables. El perfeccionismo crea un sentido falso de uno mismo y la ilusión que con la falsedad lograremos todo lo que deseamos. En su centro, el perfeccionismo procura ganarse la aprobación y aceptación.

> Cuando perseguimos al perfeccionismo, cuando nos evaluamos a nosotras mismas, nos conformamos con "Ojalá" en vez de "Doy gracias por".

El perfeccionismo y la búsqueda de tal arruina vidas, y hace que seamos incapaces de vernos desde una perspectiva del cielo hacia abajo, especialmente en una cultura

---

60 Brené Brown, *The Gifts of Imperfection: Let Go of Who You Think You're Supposed to Be and Embrace Who You Are [Los dones de imperfección: Suelta quién piensas que deberías ser para aceptar y ser quién eres]* (Center City, MN: Hazelden Publishing, 2010), 56.

en la que los logros y las riquezas hablan de nuestro éxito. Vivir a diario en la sombra del perfeccionismo hace que nunca podamos ver el final del día, el final del proyecto o el final del viaje. Cuando perseguimos al perfeccionismo, cuando nos evaluamos a nosotras mismas, nos conformamos con "Ojalá" en vez de "Doy gracias por".

"He llegado a la conclusión que la trampa más grande en la vida no es el éxito, la popularidad, ni el poder sino el autorrechazo. El éxito, la popularidad, y el poder pueden ser de gran tentación, pero su cualidad seductiva usualmente proviene del hecho que forman parte de una tentación mayor: el autorrechazo. Cuando hemos llegado a creerle a las voces que nos dicen que no valemos nada y no somos amadas, allí es cuando el éxito, la popularidad, y el poder son fácilmente percibidos como soluciones atractivas. Sin embargo, la verdadera trampa es el auto rechazo. . . El auto rechazo es el enemigo más grande de la vida espiritual porque contradice la voz sagrada que nos llama "amada". Ser amada constituye el núcleo de nuestra existencia".[61]

Vivir con una perspectiva del cielo hacia abajo significa vivir en un espacio donde podemos darnos cuenta de que al final de todo, seguimos siendo amadas por Dios, y no hay objetivo incumplido que pueda cambiar esa verdad. La evaluación con perspectiva del cielo hacia abajo siempre mira a los logros a la luz de a Quién pertenezco:

"Solía ser que nunca me sentía segura de mí misma a menos que mi rendimiento fuera impecable. Mi deseo de ser perfecta era mayor que mi deseo de Dios. Me sentía intimidada por mi propio estándar de darlo todo o nada. Interpretaba la debilidad como mediocridad y la inconsistencia como falta de valor. Pensaba que la compasión y la autoaceptación eran autoindulgente. Eventualmente llegué al agotamiento. Mi sentido de fracaso y mi insuficiencia desgarraron mi autoestima, y desencadenaron episodios de depresión y suma ansiedad. El deseo de ser perfecta era mayor que mi deseo de Dios".[62]

El problema no está en querer hacer una tarea bien, querer hacerla con excelencia, o en desear ser mejor y vivir una vida feliz. Dios espera que demos lo mejor de nosotras. Cuando lo mejor de nosotras no es suficiente y el peso del perfeccionismo se convierte en una versión falsa de nosotras, es entonces que hemos intercambiado nuestro estatus de amada por una recompensa terrenal que disminuirá nuestra

---

61 Henri J. M. Nouwen, *Life of the Beloved [La vida del amado]* (New York: Crossroad, 1992), 21.

62 Brennan Manning and Jim Hancock, *Posers, Fakers, & Wannabes: Unmasking the Real You [Falsos, farsantes e imitadores: desenmascarando tu verdadero tú]* (Colorado Springs, CO: NavPress, 2003), 30-31.

perspectiva celestial. Decir no a la perfección es estar presente. Una perspectiva del cielo hacia abajo no es tener un corazón pesado sino un corazón abierto.

La trampa de querer vivir una vida centrada en la perfección sigue siendo una tentación fuerte en la vida de todo líder. Scazzero habla sobre tres tentaciones que generan una versión falsa de nosotras mismas: soy lo que hago (rendimiento); soy lo que tengo (posesiones); y soy lo que otros piensan de mí (popularidad).[63] En vez de aferrarnos a estas mentiras, somos invitadas a acompañar a Jesús y arriesgarnos a creer que las intenciones de Dios son buenas: "Lo que yo les impongo no es difícil de cumplir, ni es pesada la carga que les hago llevar." (Mateo 11:30, TLA).

Preguntas de reflexión:

1) ¿Cómo impedimos que el perfeccionismo interrumpa nuestros emprendimientos?
2) ¿Cuál sería tu perspectiva de los últimos seis meses de tu viaje de mentoría desde la perspectiva del perfeccionismo?
3) ¿Cuál sería tu perspectiva de los últimos seis meses de tu viaje de mentoría desde la perspectiva del cielo hacia abajo? ¿Y qué tal desde la perspectiva de que eres amada?
4) ¿Qué significa "estar presente" en tu futuro viaje?

---

63 Peter Scazzero, *Emotionally Healthy Spirituality [Espiritualidad emocionalmente saludable]*, 75-77.

CAPÍTULO 16
LA ENTREGA DE UN SUEÑO

"Jehová te bendiga, y te guarde; Jehová haga resplandecer su rostro sobre ti, y tenga de ti misericordia; Jehová alce sobre ti su rostro, y ponga en ti paz."
–Números 6:24-26

La escuela de negocios de Harvard concluye el viaje del liderazgo con la siguiente declaración: "El liderazgo se trata de hacer que otros sean mejores a causa de tu presencia y asegurarte que el impacto dure aún en tu ausencia". En otras palabras, el liderazgo se trata de construir puentes. La responsabilidad de la próxima generación no tiene fin.

El liderazgo es un proceso recíproco que construye puentes entre la generación que pasó y la generación que sigue. El cargo de presentarte y marcar la diferencia con tu presencia y dejar una evidencia tangible de que estuviste allí presente después de haberte ido es evidencia de que fuiste un buen líder.

Yo me casé con un soñador que me convirtió en una soñadora. Cuando nos casamos, tenía mucho miedo de soñar. Me sentía más segura viviendo mi vida en una caja bonita y cerrada. Treinta cinco años más tarde, los mejores días son los días en que mi esposo Frank y yo soñamos juntos. Él me enseñó a soñar.

Quizás para algunas personas, si escucharan nuestras conversaciones y sueños, les sonarían algo tontos. Otros quizás dirían, "¡Escúchalos! ¡Eso nunca sucederá!",

o "Cuánto tiempo desperdician soñando cuando tienen tantas cosas para hacer".
Estoy de acuerdo que es importante tener equilibrio entre las tareas y los sueños. Soñar todo el día y no trabajar, por supuesto, no hará el sueño una realidad. Y trabajar todo el día y no soñar para nada significa una vida mundana y aburrida.

Recientemente, durante mi tiempo de lectura bíblica, encontré con un pasaje sobre los sueños en 1 Reyes 8:17-19, cuando Salomón, el hijo de David, completó el templo en Jerusalén:

"Y David mi padre tuvo en su corazón edificar casa al nombre de Jehová Dios de Israel. Pero Jehová dijo a David mi padre: Cuanto a haber tenido en tu corazón edificar casa a mi nombre, bien has hecho en tener tal deseo. Pero tú no edificarás la casa, sino tu hijo que saldrá de tus lomos, él edificará casa a mi nombre".

La historia revela que David recibió un '¡Bien hecho!' de parte de Dios por tener en su corazón edificar el templo. David fue acreditado un buen trabajo por tener un deseo y sueño. Pasar y entregar su sueño a la próxima generación que venía después de él soltó la promesa que sus sueños se harían realidad.

En otras palabras, ¡tenemos permiso de soñar, queridas amigas! El Señor alabó a David por tener el sueño en su corazón y el elogio demuestra la importancia que Dios da a los sueños. El discernimiento y la encomienda de nuestros sueños son importantes en el liderazgo, para el líder que guía tanto como para el líder que es levantado. Ambos, el soñador y el que recibe el sueño, tienen cierta responsabilidad. La adquisición es un componente complicado. ¿Prefiero ser el héroe o quien forma al héroe?

> Ambos, el soñador y el que recibe el sueño, tienen cierta responsabilidad. La adquisición es un componente complicado. ¿Prefiero ser el héroe o quien forma al héroe?

El corazón siempre se involucra y lucha cuando se trata de encomendar algo de valor a otra persona. Los sueños que Dios nos da son de mucho valor. Nos preguntamos si la persona quien reciba nuestros sueños los atesorará y valorará tanto como nosotras.

Para la persona que necesita encomendar y entregar sus sueños, hay varias perspectivas que necesita considerar:

- Ten manos abiertas, no puños cerrados. El cumplimiento del sueño necesita ser más importante para ti que el sueño en sí. Tu recompensa es por haber mantenido el sueño, mientras que otra persona será recompensada por administrarlo y realizarlo.
- Practica la vulnerabilidad y la trasparencia. Un corazón abierto facilita la transmisión de un sueño a la próxima generación.
- Suelta y entrega el sueño.

El pase y la entrega de un sueño necesita ser parte de la bendición que una generación anticipa de otra. En el centro del liderazgo y de la paternidad hay una recompensa o una bendición: "Jehová te bendiga, y te guarde; Jehová haga resplandecer su rostro sobre ti, y tenga de ti misericordia; Jehová alce sobre ti su rostro, y ponga en ti paz." (Números 6:24-26).

> El pase y la entrega de un sueño necesita ser parte de la bendición que una generación anticipa de otra.

Por otro lado, si una generación acapara sus sueños y los sujeta con puños cerrados, la próxima generación eventualmente repuntará y seguirá hacia adelante. Pero piensa en el fundamento que pudiera haber sido establecido si esa generación hubiera recibido la bendición de los sueños. La paternidad espiritual imparte una herencia de sueños, y los hijos esperan una impartición de los sueños de sus padres. Tu tribu es mucho más grande que tú. Tu tribu abarca generación, tras generación, tras generación. Cada generación necesita cultivar la expectativa de recibir una cubeta llena de sueños.

Preguntas de reflexión:

1) Escribe en tu cuaderno sobre la edificación de puentes entre las generaciones de antes y después de ti.
2) ¿Qué te resulta importante de estas relaciones? ¿Has adquirido sabiduría y conocimiento de ellos? ¿Puedes soñar con ellos?

3) Si soñar no es parte de tu diario vivir y de tu viaje de liderazgo, toma un cuaderno nuevo y comienza a escribir sobre tus sueños esta semana. A medida que escribas tus sueños, recuerda que Dios le dijo a David "bien hecho" por el simple hecho de tener un sueño en su corazón.

CAPÍTULO 17
UNA INVITACIÓN A LA MESA

"Mas cuando hagas banquete, llama a los pobres, los mancos, los cojos y los ciegos; y serás bienaventurado; porque ellos no te pueden recompensar, pero te será recompensado en la resurrección de los justos."
–Lucas 14:13-14

Usualmente, las personas a quienes amamos tienen un lugar en nuestra mesa. Compartimos alimento, contamos historias, confesamos nuestros pecados, nos reímos y hasta lloramos juntos. En mi mesa familiar, somos todos soñadores –pensamos mucho en dónde hemos estado y dónde estaremos algún día—. En nuestra mesa oramos, y en nuestra mesa experimentamos la bondad, la gracia y la misericordia de Dios.

Compartir una mesa es una de las cosas más humanas que podemos hacer. Piénsalo bien. Ninguna otra criatura consume su comida en una mesa (aunque a mi perro, Brady, le encantaría poder sentarse a comer de nuestra mesa).

En una vida ocupada y ajetreada como la que vivimos, soy propensa a poner la comida en la mesada y permitir que cada uno se sirva de la hoya y haga lo suyo. Pero mi mamá no; ella pone el mantel en la mesa, pone los platos, las servilletas, y los utensilios. Luego pone la comida que preparó en platos especiales para servir y los posiciona en la mesa. A medida que cada uno ocupa su lugar en la mesa, siempre hay un sentido de paz que me envuelve, y me siento bendecida de ser parte de la familia. Es una bendición que ella se tome el tiempo de preparar una comida tan hermosa para mí. Estoy convencida de que las comidas deliciosas de mi madre traerían paz al mundo —especialmente su pastel de merengue de limón—.

> No debería sorprendernos que Dios tiende a presentarse en varias mesas a lo largo de la Biblia.

Por lo general estamos plenamente vivos cuando estamos sentados en la mesa compartiendo una comida. Por lo tanto, no debería sorprendernos que Dios tiende a presentarse en varias mesas a lo largo de la Biblia. En el centro de la vida espiritual del Antiguo y el Nuevo Testamento, encontramos las mesas de La Pascua judía y la Santa Cena.

N.T. Wright hace el siguiente comentario: "Cuando Jesús quiso explicarles a sus propios discípulos el propósito de su muerte venidera, no les dio una teoría; los alimentó".[64] Me encanta este pensamiento. Me recuerda que quizás es tiempo de redescubrir el arte de la hospitalidad y compartir las cargas y las alegrías de nuestras vidas reunidos alrededor de una mesa con alimento.

En el cierre de nuestro primer retiro del viaje colectivo, preparé una mesa hermosa para nuestro grupo y nos sentamos a compartir una comida. Escogí un mantel hermoso, utensilios de plata, platos finos, servilletas de tela con decoraciones de oro, flores para el centro de la mesa, regalos envueltos para cada persona, y, en el último minuto, agregué tarjetas en cada silla con el nombre de cada persona.

Lo que yo no sabía era la importancia emocional y espiritual que esta mesa cuidadosamente preparada tendría en las vidas de esas mujeres. Tantas mujeres hermosas se reunieron y se sentaron a la mesa. Cada una tenía un asiento con su nombre. Cada una pertenecía allí. El siguiente día, durante el tiempo de oración, Stacy escribió sobre la mesa que yo había preparado para ellas.

---

64 N. T. Wright, "Saving the World, Revealing the Glory: Atonement Then and Now," [Salvando al mundo, revelando la gloria:Expiación entonces y ahora] ABC Religion and Ethics, accessed September 20, 2021, https://www.abc.net.au/religion/saving-the-world-revealing-the-glory-atonementthen-and-now/10095768.

Un asiento en la mesa (Stacy Eubanks)

Era jueves por la tarde, y llegué a la casa de retiro después de haber corrido todo el día tratando de terminar las tareas de una mamá ocupada sirviendo en el ministerio y hacer el viaje fuera de la ciudad. Mi hija adolescente no estaba en las mejores condiciones, y me sentía como un fracaso por muchas razones, pero me había comprometido con este evento y sabía que necesitaba asistir.

Cuando entré al salón, mis ojos contemplaron una mesa llamativa preparada para una cena. La mesa estaba cuidadosa y detalladamente preparada y decorada con utensilios de plata, platos finos, copas, pensamientos amarillos en el centro de la mesa, y un regalo envuelto elegantemente en cada espacio.

Yo cargaba tanto peso cuando llegué a ese lugar que lo único que podía pensar era, *Dios mío, no estoy bien vestida para sentarme a esta mesa, y empaqué tan rápido que ni siquiera sé si tengo algo lindo para ponerme. Pero, seguramente no habrá suficiente espacio para todas, así que cuando empiece, yo me siento en la barra y listo.*

Y luego las vi; había tarjetas en cada espacio. Nunca antes había tenido un asiento con mi nombre escrito. Pero allí estaba, ese espacio reservado para mí. No me sentía digna, pero allí estaba *yo*, tomando mi asiento en una mesa preparada para mí. Eso me hizo pensar en una mesa preparada hace más de dos mil años, quizás la mesa más importante de la historia.

> Personas que dudaron, lo negaron, y hasta lo traicionaron; Jesús los incluyó a todos en la mesa de la Pascua.

¿Quiénes se sentaron en aquella mesa? Personas que dudaron, lo negaron, y hasta lo traicionaron; Jesús los incluyó a todos en la mesa de la Pascua. Los invitó y los aceptó sin importar lo que habían hecho y lo que Él sabía que harían. Tomás lo dudó. Pedro se burló cuando Jesús le dijo que lo negaría unas horas después de la santa cena.

Cuando los ojos de Pedro se encontraron con los de Jesús, Pedro se sintió devastado por su fracaso. ¿Cómo podría él ser digno del pan que Jesús le ofrecía? Pero igualmente fue provisto. ¿Y Judas? ¿Cómo podría él haberse ganado un asiento en aquella mesa? Por supuesto, no lo merecía, pero igualmente tuvo uno.

Jesús le pasó el pan de Su cuerpo y la copa de Su sangre a un traidor con un corazón lleno de oscuridad. Sin embargo, Él le extendió amor y perdón hasta el último segundo. ¿Y qué hay de mí? Tengo mis dudas, lo niego y hasta lo traiciono. Entonces, ¿cómo es posible que yo tenga un asiento en la mesa? No puedo comprar un asiento con mi rectitud. Fuera de Cristo, no tengo nada.

Puedo sentarme a la mesa por una sola razón: Jesús compró mi asiento. Él pagó por mi asiento con sangre y reservó mi lugar. Él guardó un asiento para ti también. Hay una tarjeta con tu nombre escrito y un regalo envuelto esperándote. ¿Vienes?

Es una mesa donde los pobres se hacen príncipes, los perdedores se convierten en líderes, los fracasos son perdonados, y los condenados son redimidos. Así que no te preocupes de qué te vas a poner o qué vas a traer; haz lo que tengas que hacer para llegar a la mesa. ¡Y ven con apetito! No hay nada más satisfactorio que la mesa que Él ya ha preparado para ti.[65]

Nos reunimos bendecidas, quebrantadas, perdonadas y aun no perdonadas

Al comienzo *del viaje colectivo*, les presenté la disciplina espiritual de un retiro de oración. Para completar este viaje, quiero familiarizarte con el arte del compañerismo de mesa –un lugar donde las personas bendecidas, quebrantadas, perdonadas y las aun no perdonadas se reúnen—.

Como compartió Stacy sobre su experiencia, ella sentía que no pertenecía y que no había traído la ropa adecuada para sentarse en aquella mesa –una excusa causada por el sentimiento de que no pertenecía allí—. Pero cuando ella tomó su asiento –el lugar marcado con su nombre —pudo soltar la vergüenza y la inseguridad y aceptar la bendición de ser invitada a la mesa.

Los seres quebrantados se sientan a la mesa. Jesús le preparó una mesa a la mujer samaritana cuando Él le habló sobre las áreas fracturadas en su vida y le dio una respuesta a la vergüenza que cargaba en su interior. "Venid, ved a un hombre que me ha dicho todo cuanto he hecho. ¿No será este el Cristo?" (Juan 4:29). Esta declaración salió de un corazón que fue verdaderamente liberado. En busca de agua, la mujer encontró el Agua Viva y tomó de un pozo donde el agua nunca se agotaría.

---

65 Stacy Eubanks, "A Seat at the Table," [Un asiento en la mesa] Women Who Lead Blog, https://www.pmnwomenwholead.com/blog/aseatatthetable.

Preparamos la mesa para las que han sido perdonadas y también para que las que todavía no han sido perdonadas. Me encanta el cuadro de restauración que ilustra Juan 21. La imagen de Jesús, el Hijo de Dios, preparando desayuno para Sus discípulos, me pone la piel de gallina.

> Preparamos la mesa para las que han sido perdonadas y también para que las que todavía no han sido perdonadas.

Esta mesa preparada en el mar de Galilea no es solo un alimento para satisfacer el estómago; es una comida que reestablece la relación entre Pedro y Jesús. Es un lugar donde una comida crea el espacio para el perdón.

En este pasaje, la palabra que se usa para el *fuego* es la misma palabra que se usa para el *fuego* en Juan 18:18, donde Pedro y otros hicieron un fuego para calentarse la noche en que Jesús fue arrestado y llevado a juicio. Ese era el lugar de vergüenza para Pedro. Estoy segura de que cuando Pedro salió del bote y llegó a la orilla empapado y fue recibido por el fuego que Jesús había preparado para él, Pedro reconoció el olor de su vergüenza –la madera quemada—.

Mientras Pedro estaba parado frente al fuego recordando que no pudo pararse a lado de Jesús esa tarde, en un momento cuando más lo necesitó, Jesús le sirvió a Pedro y a los demás discípulos un desayuno simple de pescado y pan. No fue algo que preparó de antemano ni algo que le tomó mucho tiempo preparar; era nada más ni nada menos que lo que tenía a su disposición.

En la simpleza de su mesa en la playa, Jesús comenzó a hablar sobre el amor con Simón Pedro. La repuesta de Jesús al restaurar su relación con Pedro fue una lección sobre la retribución. Jesús sabía que Pedro lo amaba. La *respuesta* a su pregunta de "amor" no era lo que Jesús procuraba. Él procuraba que Pedro entendiera el mensaje de la retribución.

En otras palabras, si alguien invirtió en ti y tu vida ha cambiado a raíz de eso, entonces tienes el llamado a invertir en otra persona. Jesús llama a Pedro a alimentar, pastorear y alimentar a sus ovejas otra vez. Es un círculo recíproco que continúa y se cierra.

A medida que concluimos *El viaje colectivo*, quiero hacerte una pregunta: "¿Alimentarás, pastorearás y alimentarás las ovejas otra vez?". Si la respuesta es *sí*, entonces perteneces a la tribu de mujeres poderosas de este tiempo, pero tu tribu necesita crecer, así que prepárate

Querida amiga, sigue soñando, pero mucho más importante que soñar, pasa y entrega tus sueños a la próxima generación. Abre tus manos, practica la vulnerabilidad y la trasparencia, y suelta tus sueños. Quiero asegurarte que tus sueños están a salvo con la próxima generación porque has vertido tu vida en ellos, y la respuesta de la tribu es proteger lo sagrado, tu relación y tus sueños. Es precisamente por la relación que has nutrido que anticipan la bendición generacional del pase y la entrega de los sueños.

Por último, sigue preparando mesas —pequeñas, grandes, medianas, mesas en la arena, mesas junto a arroyos de aguas quietas—. Sigue preparando mesas llenas de bendiciones, quebrantamiento y perdón.

Cuando te sientes en tu silla favorita con una manta, en la playa tomando sol, o afuera en tu patio con tu bebida favorita, te invito a reflexionar una vez más conmigo. Te invito a que le pidas a Dios en oración que te ayude a contestar estas preguntas y luego espera un poco y escucha atentamente Su voz susurrando en tu espíritu.

Preguntas de reflexión:

1) ¿Cuál es tu plan de expansión?
2) ¿Cómo vas a agregar a tu mesa?
3) ¿A quién invitarás a tu mesa?

APÉNDICE A: EVALUACIÓN VIVIFICANTE

La vida vivificante es la mejor

¿En qué maneras te da Dios vida?
Elije todas las que te apliquen.

- ❏ Naturaleza
- ❏ Ejercicio
- ❏ Caminatas largas
- ❏ Senderismo
- ❏ Adoración
- ❏ Amistades espirituales
- ❏ Salir de compras
- ❏ Cuidado personal (masajes, manicuras, etc.)
- ❏ Aislamiento
- ❏ Estudio
- ❏ La Biblia
- ❏ Liderazgo
- ❏ Arte
- ❏ Descanso
- ❏ Celebración
- ❏ Otro:

- ❏ Recreación
- ❏ Familia
- ❏ Conversaciones largas
- ❏ Reír
- ❏ La justicia
- ❏ Trabajo voluntario
- ❏ Retiros
- ❏ Actividades grupales
- ❏ Noches de juegos
- ❏ Una cena con invitados
- ❏ Cocinar/Hornear
- ❏ La jardinería
- ❏ Decorar
- ❏ Organizar
- ❏ La lectura

Ponerlo en práctica: ¿Cómo podrías incorporar estas cosas en tu vida?

APÉNDICE B: PLANILLA DE LA AUTODISCIPLINA DEL AUTOCUIDADO

La disciplina espiritual del autocuidado

Adele Ahlberg Calhoun, *Spiritual Disciplines Handbook: Practices That Transform Us* [Manual de disciplinas espirituales: Prácticas que nos transforman].

Preguntas de reflexión:

1) Dios te creó "maravillosamente". Gracias a Dios por tu creación.
    a. Si te cuesta darles las gracias a Dios por tu vida, ¿qué revela esto de ti y cómo valoras haber sido creada a Su imagen?
2) Habla con Dios de qué significa para ti recibirte como Dios te recibe.
3) ¿Cómo has descuidado tu salud, tu cuerpo y tus relaciones?
4) ¿Cómo te está invitando Jesús a ir más profundo en el área de autocuidado?
5) ¿Cuáles son tus señales de agotamiento? ¿Qué haces para recuperarte?
6) ¿Cómo ha impactado tu forma de vivir?
7) ¿Cómo podría la mentalidad de recibirte a ti misma como un regalo de Dios impactar tu vida?
8) ¿Cómo te proteges del amor de Dios y de otros?

Ejercicios espirituales

1) Haz una lista de las cosas que te gustan de ti misma.
2) Párate frente al espejo y mira bien tu cuerpo.
   a. ¿Qué cuenta tu cuerpo de tu punto de origen?
   b. ¿Qué has hecho o logrado en la vida? ¿Tus decisiones?
   c. Exprésale a Dios cuál es tu reacción a lo que ves. ¿Cuáles áreas de tu pasado necesitan ser recibidas e integradas en la persona que eres hoy?
3) Planifica un día de autocuidado para ti misma que puedas disfrutar. Escoge dónde quieres ir, y con quién quieres pasar el tiempo. Celebra ese día como un regalo y celébrate a ti misma.
4) ¿En qué área de tu cuerpo necesitas comenzar de nuevo?
   a. ¿Cuáles son las prácticas o patrones que necesitas cambiar respecto a la comida, el sexo, el descanso, el trabajo, o las relaciones?
   b. ¿Cómo podrías cooperar con Dios en el esfuerzo de honrar tu cuerpo como el templo del Espíritu Santo?
   c. ¿Quién podría ayudarte con esto?
5) Siéntate en silencio y en una posición cómoda. Respira lentamente y presta atención a las áreas de tensión en tu cuerpo. ¿Qué te está diciendo tu cuerpo en este momento?
   a. ¿Cómo querría Jesús que cuidaras de ti misma ahora mismo?
6) Lleva un registro de cuántas horas de sueño estás recibiendo cada noche.
   a. ¿Estás respetando tu necesidad humana de descanso y recreación?
   b. Haz los ajustes necesarios en tus patrones de sueño y descanso por una semana. ¿Cuál fue tu experiencia?
7) Cultiva diferentes maneras de cuidar y nutrir tu cuerpo: un baño de burbujas, un masaje, hacer ejercicio, comprar unas sábanas suaves y una almohada cómoda, comprar flores, o leer un libro. Pasa tiempo con lo que disfrutas hacer y con las personas que te animan y alegran. Retoma algún interés que en algún momento abandonaste.

APÉNDICE C: PASAJES BÍBLICOS "YO SOY"

Yo soy obra maestra de Dios. (Efesios 2:10, NTV).
"Pues somos la obra maestra de Dios. Él nos creó de nuevo en Cristo Jesús, a fin de que hagamos las cosas buenas que preparó para nosotros tiempo atrás."

Yo soy perdonada. (Efesios 1:7-8, TLA).
"Por la muerte de Cristo en la cruz, Dios perdonó nuestros pecados y nos liberó de toda culpa. Esto lo hizo por su inmenso amor. Por su gran sabiduría y conocimiento."

Yo soy nueva creatura. (2 Corintios 5:17, NTV).
"Esto significa que todo el que pertenece a Cristo se ha convertido en una persona nueva. La vida antigua ha pasado; ¡una nueva vida ha comenzado!"

Yo soy fuerte en el Señor. (Efesios 6:10, RVC)
"Por lo demás, hermanos míos, manténganse firmes en el Señor y en el poder de su fuerza."

Yo soy aceptada en Cristo. (Efesios 1:6, RVC)
"Para alabanza de la gloria de su gracia, con la cual nos hizo aceptos en el Amado."

Yo soy amada con un amor eterno. (Jeremías 31:3, TLA)
"Hace ya mucho tiempo, el Señor se hizo presente y me dijo: 'Yo te amo con amor eterno. Por eso te he prolongado mi misericordia'."

Yo soy bendecida. (Deuteronomio 28:2-6, TLA)
"Y recibirán siempre estas bendiciones: 'Dios los bendecirá dondequiera que vivan, sea en el campo o en la ciudad.' 'Dios bendecirá a sus hijos, y a sus cosechas y ganados.' 'Dios los bendecirá en sus hogares, en sus viajes, y en todo lo que hagan. Siempre serán muy felices en el país que Dios les dará. . ." (y continúa).

APÉNDICE D: EJEMPLO DE UNA DECLARACIÓN DE VISIÓN Y VALORES

EJEMPLO DE UNA DECLARACIÓN DE VISIÓN PERSONAL (LISA POTTER)

Soy alguien que extiende gracia a otros, plantada por Dios para brillar con la luz de Jesús en cada una de mis relaciones como esposa, madre, hija, hermana, tía, amiga, mentora y motivadora. A través de mis relaciones, escrituras y discursos, convertiré mi dolor en pasiones y ayudaré a otros a hacer lo mismo. Permitiré que Dios me use en maneras frescas y nuevas para construir puentes para las generaciones que vengan después de mí.

"Tag line": Soy alguien que extiende gracia, inspira gozo, construye puentes, mentora, motivadora y plantada por Dios.

ESTE PÁRRAFO ES OPCIONAL:

Es importante para mí incluir estas palabras y conceptos: genuina, gracia, un árbol plantado por el Señor, relaciones, generaciones, y convertir los dolores de la vida en pasiones. La idea de ser genuina hace referencia a ser real y auténtica, demostrando cierta transparencia que inspira sanidad. Alguien que extiende gracia ejemplifica a alguien que ha recibido mucha gracia y la dará (o extenderá) grandemente al mundo y a las personas que Dios ha puesto en su camino. Todos los versículos a lo largo de mi vida hablan de un árbol plantado junto a aguas y que da fruto en su tiempo: Salmo 1:3, Isaías 61:3, Jeremías 17:7-8. La familia, los amigos, y las relaciones siguen siendo importantes para mi salud y paz. Las personas que se unen a mí en el camino para ayudarme en formas tangibles y proveer aliento son personas que me dan vida. Disfruto ser un puente para las generaciones más jóvenes y convertir los dolores de la vida en pasiones y permitir que Dios las use para ministrar a otros.

DECLARACIÓN DE VALORES PERSONALES

- Seré plantada. Isaías 61:3 dice, "a ordenar que a los afligidos de Sion se les dé gloria en lugar de ceniza, óleo de gozo en lugar de luto, manto de alegría en lugar del espíritu angustiado; y serán llamados árboles de justicia, plantío de Jehová, para gloria suya".
- Seré esposa, madre, hija, hermana, tía, mentora, escritora y oradora, e invertiré y enriqueceré las vidas de las personas que Dios ponga en mi camino.
- Estoy comprometida con la mentoría, hacer discípulos, entrenar a hijas e hijos espirituales, con la esperanza de que ellos corran más rápido y lleguen más lejos que yo, y alcancen lugares que yo nunca alcanzaré.
- Cargo conmigo una espada como mi grito de guerra por la generación que viene después de mí. Entiendo lo que fue, lo que es y lo que Dios va a hacer.
- Infundiré vida nueva y fresca donde Dios me ha plantado.
- Traeré risa y gozo en lugares de dolor y en las heridas.
- Compartiré lo que Dios me ha hablado a través de las herramientas de expresión que me ha dado para escribir y hablar.
- Siempre permitiré que mis dolores den a luz pasiones en mí.

APÉNDICE E: INVENTARIO Y PLAN DE CRECIMIENTO PERSONAL

Inventario y plan de crecimiento: Fechas: _____

Espiritual	Físico	Familia	Ministerio	Día de descanso

APÉNDICE F: PÁGINA DE RECURSOS RELACIONALES

MODELOS
Las personas que hacen lo que quisieras hacer tú.
1) _____
2) _____
3) _____

HÉROES
Las personas a quien admiras.
1) _____
2) _____
3) _____

MENTORES
Las personas que te entrenan e invierten en ti.
1) _____
2) _____
3) _____

COMPAÑEROS
Las personas que viajan contigo y te responsabilizan.
1. _____
2. _____
3. _____

CÍRCULO ÍNTIMO

Las personas más cercanas a ti; que son como familia.

1) _____

2) _____

3) _____

DISCÍPULOS

Las personas que aprenden de ti.

1) _____

2) _____

3) _____

"Evalúa tus respuestas con el diagrama "Tu red". ¿Tienes un buen equilibrio de relaciones que puede ser tu combustible emocional? ¿Cuáles categorías siguen vacantes y necesitas llenar en tu vida? (modelos, héroes, mentores, compañeros, círculo íntimo, o discípulos). Apunta los nombres de las personas a quienes puedes desafiar e invitar a que formen parte de tu red. Apunta también cuáles papeles pueden desempeñar.

"Cuando hayas concluido a quién necesitas que forme parte de tu red, ve y reúnete con esas personas. Desafíalas a que se desempeñen en el papel y formen parte de tu red. Invítalas a que jueguen un papel más grande como mentores, compañeros, modelos, héroes, o formen parte de tu círculo íntimo. Establece la fecha y la hora para reunirte con ellas una vez al mes para recibir apoyo, rendir cuentas, recibir aliento y dirección. Pídeles que te hagan a ti estas preguntas:

- ¿Cuáles son objetivos por los cuales estás actualmente trabajando?
- ¿Cómo puedo brindarte dirección?
- ¿Cómo puedo ayudarte a rendir cuentas y responsabilizarte?
- ¿Cuáles son tus necesidades más grandes? ¿Tentaciones? ¿Debilidades?
- ¿Qué puedes hacer esta semana para tomar acción? ¿Cuándo lo harás?".[66]

---

66 Elmore and Herman, Habitudes [Hábitos], 18.

RECURSOS CONSULTADOS

Ashbrook, R. Thomas. Mansions of the Heart: Exploring Seven Stages of Spiritual Growth [Mansiones del corazón: Explorando las siete etapas del crecimiento espiritual]. San Francisco: Jossey-Bass, 2009.

Barsh, Joanna, and Susie Cranston. How Remarkable Women Lead: The Breakthrough Model for Work and Life [Cómo lideran las mujeres extraordinarias: El modelo del gran avance para el trabajo y la vida]. New York: Crown Business, 2009.

Barton, Ruth Haley. Strengthening the Soul of Your Leadership: Seeking God in the Crucible of Ministry [Fortaleciendo el alma de tu liderazgo: Buscando a Dios en el crisol del ministerio]. Downers Grove, IL: InterVarsity Press, 2008.

Beach, Nancy. Gifted to Lead: The Art of Leading as a Woman in the Church [Dotada para liderar: El arte de liderar como mujer en la iglesia]. Grand Rapids, MI: Zondervan, 2008.

Blanchard, Ken, Phil Hodges, and Phyllis Hendry. Lead Like Jesus Revisited: Lessons from the Greatest Leadership Role Model of All Time [Lidera como Jesús –Versión Revisitada—: Lecciones de los modelos de liderazgo más grandes de la historia]. Nashville: Thomas Nelson, 2016.

Bradford, James T. Lead So Others Can Follow [Lidera de manera que otros puedan seguirte]. Springfield, MO: Salubris Resources, 2015.

Bradley, Ian. The Celtic Way [El camino de los celtas]. London: Darton, Longman and Todd, 1993.

Brown, Brené. The Gifts of Imperfection: Let Go of Who You Think You're Supposed to Be and Embrace Who You Are [Los dones de imperfección: Suelta quién piensas que deberías ser para aceptar y ser quién eres]. Center City, MN: Hazelden Publishing, 2010.

———. Braving the Wilderness: The Quest for True Belonging and the Courage to Stand Alone [Haciendo frente al desierto: en búsqueda de la verdadera pertenencia y el valor para hacerlo solo]. New York: Random House, 2017.

Catron, Jenni. The 4 Dimensions of Extraordinary Leadership: The Power of Leading from Your Heart, Soul, Mind, and Strength [Las 4 dimensiones del liderazgo extraordinario: El poder de liderar con tu corazón, tu alma, mente y fuerzas]. Nashville, TN: Thomas Nelson, 2015.

Calhoun, Adele Ahlberg. Spiritual Disciplines Handbook: Practices That Transform Us [Manual de disciplinas espirituales: Prácticas que nos transforman]. Downers Grove, IL: InterVarsity Press, 2005.

Caliguire, Mindy. Spiritual Friendship [Amistad espiritual]. Downers Grove, IL: InterVarsity Press, 2007.

Charan, Ram, Steve Drotter, and Jim Noel. The Leadership Pipeline: How to Build the Leadership Powered Company [La vía de liderazgo: cómo construir una empresa impulsada por el liderazgo]. 2nd ed. San Francisco: Jossey-Bass, 2011.

Chole, Alicia Britt. Anonymous: Jesus' Hidden Years and Yours [Anónimo: Los años escondidos de Jesús y los tuyos]. Nashville, TN: Thomas Nelson, 2006.

———. Ready Set Rest, The Practice of Prayer Retreating [Listos, en sus marcas, descansa: La práctica del retiro de oración]. Rogersville, MO: Onewholeworld, 2014.

———. "Movement Two: Toward Intentionality, Week Eight," [Movimiento dos: Hacia la intencionalidad, Semana ocho] The 7th Year. Marzo 16, 2015, www. the7thyear.com.

Clinton, J. Robert. The Making of a Leader: Recognizing the Lessons and Stages of Leadership Development. 2nd ed. [La creación de un líder: Reconociendo las lecciones y las etapas del desarrollo del liderazgo. Segunda edición] Colorado Springs: NavPress, 2012.

Covey, Stephen. "The Law of the Farm." [La ley de la granja] Upprevention. https://upprevention. org/ the/34154-the-law-of-the-farm-by-stephen-covey-714-141.php.

DeGroat, Chuck. Wholeheartedness: Busyness, Exhaustion, and Healing the Divided Self. [Con todo el corazón: ocupado, agotado y la sanidad del ser dividido] Grand Rapids, MI: Wm. B. Eerdmans Publishing Co., 2016.

Elmore, Tim, and Harvey Herman. Habitudes: Images That Form Leadership Habits and Attitudes. [Hábitos: Imágenes que forman los hábitos y actitudes en el liderazgo]. Atlanta: Growing Leaders, Inc., 2013.

Goldsmith, Malcolm. Knowing Me, Knowing God: Exploring Your Spirituality with Myers-Briggs. [Conociéndome a mí mismo y conociendo a Dios: Explorando tu espiritualidad con Myers-Briggs]. Nashville: Abingdon Press, 1997.

Jones, Timothy. Finding a Spiritual Friend: How Friends and Mentors Can Make Your Faith Grow. [Hallando un amigo espiritual: Cómo los amigos y mentores puede crecer tu fe]. Nashville, TN: Upper Room Books, 1998.

KPMG. "Moving Women Forward into Leadership Roles." [Impulsando a las mujeres a desempeñarse en roles de liderazgo] Women's Leadership Study. [Estudio de liderazgo para mujeres] https://home.kpmg/content/dam/kpmg/ph/pdf/ThoughtLeadershipPublications/ KPMGWomensLeadershipStudy.pdf.

Kreider, Larry. The Cry for Spiritual Fathers & Mothers [El clamor por padres y madres espirituales]. Lititz, PA: House to House Publications, 2000.

Magee, Jeffery. The Managerial Leadership Bible: Learning the Strategic, Organizational, and Tactical Skills Everyone Needs Today [La Biblia de liderazgo administrative: Aprendiendo la estrategia, y las características organizativas y tácticas que todos necesitan hoy]. Upper Saddle River, NJ: Pearson Education, Inc., 2015.

Manning, Brennan, and Jim Hancock. Posers, Fakers, & Wannabes: Unmasking the Real You [Falsos, farsantes e imitadores: desenmascarando tu verdadero tú]. Colorado Springs, CO: NavPress, 2003.

McGee, Robert S. The Search for Significance: Seeing Your True Worth through God's Eyes [En busca de significancia: Viendo tu verdadero valor a través de los ojos de Dios]. Nashville, TN: Thomas Nelson Publishers, 2003.

McIntosh, Gary L., and Samuel D. Rima, Sr. Overcoming the Dark Side of Leadership: The Paradox of Personal Dysfunction [Superando el lado oscuro del liderazgo: La paradoja de la disfunción personal]. Grand Rapids, MI: Baker Books, 1997.

McKay, Lisa. You Can Still Wear Cute Shoes [Aun puedes usar zapatos lindos]. Colorado Springs: CO: David C. Cook, 2010.

McNeal, Reggie. A Work of Heart: Understanding How God Shapes Spiritual Leaders [Una obra de corazón: Entendiendo cómo Dios moldea a los líderes espirituales]. San Francisco: Jossey-Bass, 2011.

Metaxas, Eric. 7 Women and the Secret of Their Greatness [7 mujeres y el secreto de su grandeza]. Nashville: Thomas Nelson, 2015.

Miller, Hodde, Sharon. "What Happens When We See Women Teach the Bible." [Lo que sucede cuando vemos a mujeres enseñar la Biblia]. Christianity Today. http://www.christianitytoday.com/women/2015/january/what-happens-when-we-see-wome n-teach-bible.html.

Nessa, Lynn. "A Lesson from the Myrtle Tree." [Una lección del arrayán]. Inspirational Contemplation. https://nessalynn77. wordpress.com/2011/02/12/a-lesson-from-the-myrtle-tree/.

Nouwen, Henri J. M. Life of the Beloved [La vida del amado]. New York: Crossroad, 1992.

O'Dea, Lori. "Is Leadership a Gender-Neutral Issue?" [Es el liderazgo un asunto neutro del género]. Influence Magazine, August-September 2015.

Ortberg, John. El ser que quiero ser: Conviértete en la mejor versión de ti mismo. Grand Rapids, MI: Zondervan, 2010.

———Guarda tu alma: Cuidando la parte más importante de ti. Grand Rapids, MI: Zondervan, 2014.

Palmer, Parker J. Una plenitud oculta: El viaje hacia una vida no dividida. San Francisco: Jossey-Bass, 2004.

Platt, David. Follow Me: A Call to Die. A Call to Live [Sígueme: Un llamado a morir. Un llamado a vivir]. Carol Stream, IL: Tyndale House Publishers, Inc., 2013.

Reese, Randy D., and Robert Loane. Deep Mentoring: Guiding Others on Their Leadership Journey [Mentoría profunda: Guiando a otros en su viaje de liderazgo]. Downers Grove, IL: InterVarsity Press, 2012.

Sandberg, Sheryl. Lean In: Women, Work, and the Will to Lead [Inclínate: La mujer, el trabajo y la voluntad de liderar]. New York: Alfred A. Knopf, 2013.

Seamands, David A. Healing for Damaged Emotions: Recovering from the Memories That Cause Our Pain [Sanidad para las emociones dañadas: Recuperándonos de las memorias que una vez nos causaron dolor]. Wheaton, IL: Victor Books, 1991.

Scazzero, Peter. Emotionally Healthy Spirituality: It's Impossible to Be Spiritually Mature While Remaining Emotionally Immature [Espiritualidad emocionalmente saludable: Es imposible ser espiritualmente maduro mientras permaneces emocionalmente inmaduro]. Grand Rapids, IL: Zondervan, 2006.

Scott, Halee Gray. Dare Mighty Things. Grand Rapids, MI: Zondervan, 2014

Smedes, Lewis B. Shame and Grace: Healing the Shame We Don't Deserve [La vergüenza y la gracia: Sanando de la vergüenza que no merecemos]. New York: Harper Collins Publishing, 1993.

———. Forgive and Forget: Healing the Hurts We Don't Deserve [Perdonar y olvidar: Sanando del dolor que no merecemos]. San Francisco: Harper Collins, 1996.

Smith, Gordon T. Courage and Calling: Embracing Your God-Given Potential [Valor y llamado: Aceptando el potencial que Dios nos dio]. Downers Grove, IL: InterVarsity Press, 2011.

Tennant, Carolyn. Catch the Wind of the Spirit: How the 5 Ministry Gifts Can Transform Your Church [Atrapa el viento del espíritu: cómo los 5 dones ministeriales pueden transformar tu iglesia]. Springfield, MO: Vital Resources, 2016.

Thompson, Curt. The Anatomy of the Soul: Surprising Connections between Neuroscience and Spiritual Practices That Can Transform Your Life and Relationships [La anatomía del alma: conexiones sorprender entre la neurociencia y las prácticas espirituales que pueden transformar tu vida y tus relaciones]. Carol Stream, IL: Tyndale, 2010.

———. The Soul of Shame: Retelling the Stories We Believe about Ourselves [El alma de vergüenza: Recontando las historias que creemos de nosotros mismos]. Downers Grove, IL: InterVarsity Press, 2015.

Voskamp, Ann. The Greatest Gift, Unwrapping the Full Love Story of Christmas [El regalo más grande, desenvolviendo la historia complete de la Navidad]. Carol Stream, IL: Tyndale, 2013.

Weems, Kerri. Rhythms of Grace [Ritmos de gracia]. Grand Rapids, MI: Zondervan, 2014.

Willard, Dallas. Renovation of the Heart: Putting on the Character of Christ [Renovaciones del corazón: Vistiéndonos del carácter de Cristo]. Colorado Springs, CO: NavPress, 2012.

———. The Spirit of the Disciplines: Understanding How God Changes Lives [El espíritu de los discípulos: Entendiendo cómo Dios cambia vidas]. New York: Harper Collins Publishers, 1988.

www.ingramcontent.com/pod-product-compliance
Lightning Source LLC
Chambersburg PA
CBHW070546090426
42735CB00013B/3087